大展好書　好書大展
品嘗好書　冠群可期

名人選輯

5

歌　德

傅　陽／主編

品冠文化出版社

序言

在歐洲各國之中，德國當初是一個落後國家，而德國開始躋身先進國家的行列，只不過是十九世紀後半期的事情。其中原因當然很多，但無論如何，十七世紀三十年戰爭（一六一八～四八）的影響，都可以說是最大的。當時，以德國為中心，展開了新教和舊教之間的紛爭，所以，德國無法很容易地從當時鉅大的傷害之下重新站起來，完全被毀滅的村落為數不少，據說，德國全部人口的一半都喪失了。

當時，生產力既貧弱，交通又不方便，因此，從幾乎毀滅的狀態重新復興需要很長的歲月。而且，德國有許多實行絕對君主制的小國分立於各處，相較於當時已實現統一國家目標的英國、法國、西班牙等國家，德國在一切方面都落後很多。在文學的領域，亦復如此。各國根本未予重視。德國人也專門模倣法國王朝文學。當時的德國人，常以為用法文寫作、說法語，就是一個文化人。

歌德出生於三十年戰爭結束的一百年之後，但當時的德國，只不過是一個悽涼的鄉村罷了。可是，一百年這麼長的歲月，的確已經奠定了足以使德國在精神上獨立的基礎。

歌德在青年期時，已有康德等前輩作家及學者們，經由獨創而富於個性的作品、成果，給予當時的年輕人極大的感動。而挾此氣勢，將德國推上世界主要舞台的中心位置的，便是歌德的文學。

歌德於一七九四年出生，一八三二逝世。享年八十三歲。原本，他非常瞧不起德語及德國文學，而其他國家原本也根本不看德國文學，為了閱讀歌德的文學，人們才開始對德文產生興趣。歌德晚年時，各國都有許多作家及知名人士想一睹這位大文豪，而前往偏僻的鄉村威瑪爾鎮拜訪他。今日，歌德的文學已不僅僅是德國的，更被視為世界的共有財產，各國人士都在閱讀，讀者群非常廣泛。其原因究竟何在呢？

諸山的山頂
已然安靜

在各樹梢上
也看不見
微風的動態
鳥兒在森林中沉默不語
不消多久
你也即將休憩

這是一七八〇年九月六日夜晚，歌德在伊麥那威山林住宿於基可哈恩的山中小屋時，在小屋南邊的木板上用鉛筆寫下的詩句。

歌德當時是三十一歲。他逝世的前一年，也就是一八三一年八月二十七日，他碰巧又來到這間山中小屋，回想起自己五十年前在此地寫下的詩篇。發現這篇詩句時，他已是對死期將近有所預感的詩人。他一再喃喃自語：「不消多久／你也將休憩」據說，他甚至淚流不止，無法遏抑。本書一九三頁的插圖，是描寫他在基可哈恩山中小屋之前靜靜地站立的情形，當日的景象，歷歷如繪。

曾背誦被翻譯的原詩的人，相信至今尚未忘記。有時，甚至會突然脫口而出，唸出歌德的詩句。那是多麼純樸的詩句，多麼簡單樸實，含有深遠意味的詩句。它們隱含了歌德文學的精華，毫無做作，自然的廣度及深度。雖然是很容易說到的辭句，但都是很難達到的境地。

任何人都知道，歌德是德國的大詩人。但是，要適切地說明他是怎樣的一位作家，卻非常困難。

要將既廣且深的歌德文學世界，按照順序而毫不遺漏地加以順序，可以說是不可能的。再者，一旦想談及他的人生及作品的全貌時，就會變成一份詳細的年表，毫無趣味可言。因此，本書當作一種嘗試，打算從必要的重點去接近詩人的本質。歌德絕非僅止於歌德文學家在艱深難懂的論文中被提及的。因為，他一直讓自己生活於廣大的人群之中，真正用心地過日子，這一點也應掌握住。希望讀者對歌德產生興趣。

目錄

第三章　在孤獨的世界之中

第一章　超越時空

歌德的著作為何永遠有人閱讀？

純真與包容力

歌德的著作為何永遠有人閱讀？其中一個重要的原因，是因為純真的緣故。那麼，「純真」究竟所指為何呢？

日本作家芥川龍之介先生在一九二七年五月二十四日的演講，當時正好是他自殺的前二個月，他把垂在削瘦、蒼白身體上的蓬鬆頭髮梳上去，說了一句：

「現在有許多作家，但是百年之後，還有人閱讀他作品的究竟有幾人？」

這一句話，給人極深的印象，永誌難忘。他說了愛倫坡的故事。乍看之下多采多姿的作家其實隱含了辛酸，但他並未悲嘆作家真實的際遇。如果文學本身沒有光和熱，則必定隨著時間之流而湮滅。愛倫坡的生活雖然極其悲慘，世人早已將他遺忘，而且也完全忘卻他的作品。他最後以一位病倒的路人結束一生時，葬禮只有一位朋友參加。可是，他的作品直到今日仍是活的，延續了他的生命。龍之介便是以談論愛倫坡的方式，提出其一部分的文學論。

根據龍之介的想法，對作家而言最為重要的條件是「純真」。大作家除了具有「純真」之外，還必須具有「包容力」。經過百年之後仍有人閱讀其作品的作家，首先必須是「純真」的。他在愛倫坡的作品之中，窺見這種「純真」。

龍之介雖是英國文學出身的作家，不過他也經常閱讀德文，所以，對德國文學也有很高的造詣。在日本眾多作家之中，他是深刻瞭解歌德的人士之一。

龍之介具有洗練的、都會的感覺，對事物經常有獨創性的看法。晚年即將面臨死亡的他，仍能很敏銳地區別真偽。在成為遺稿的一篇作品中，他如此寫道：

「……，他對於自己精神上的崩潰，有一種近乎冷笑的感覺（他很清楚自己的惡行及弱點），但仍然繼續閱讀許多書籍。但是，連盧梭的懺悔錄都充滿了英雄式的懺悔。尤其是『新生』——他從未遇過像『新生』的主角那麼狡猾的偽善者……」

在此被提及的『新生』，不用說便是早期島崎藤村的小說。以宗教上的愛去淨化自己和姪女之間的畸戀關係，想以此期待新生。作者這樣的態度，在龍之介的想法裏是無法寬恕的，只令人感到偽善而已。在同一篇遺稿中，關於歌德他如此寫道：

「Divan想再一次給予他心靈新的力量。而那是他所不知道的『東洋式的歌德』。他看見悠然站立在善惡彼岸的歌德，感到近乎絕望的羨慕。在他的眼中看來，詩人歌德比詩人柯里斯特更偉大。在這位詩人的心中，除了各種事物之外，甚至也有開著的薔薇花。如果當時有一絲毫遵循這位年輕詩人腳步的力量——他讀完了Divan之後，在一陣可怕的感動之餘安靜下來，不得不深深地輕蔑身為生活上的宦官的自己，看不起自己的沒有骨氣。」

龍之介將對歌德的『東西詩集』（Divan）的讀後感寫下。對於文學作了嚴厲判斷的他，並不想輕易承認過了百年之後也會有人閱讀的文學。連藤村也被他斷定為「狡猾的偽善者」。但他對於歌德卻由衷地表示敬意。

那是因為，他承認為在歌德的作品之中，具有大作家包容一切的豐富感，以及貫徹到底的「純真」。龍之介在尚未成為作家之前，就已經被歌德所吸引，但到了晚年時，這種心情已經變成非常敬畏歌德。

歌德的作品為何永遠有人閱讀？這個問題的秘密，已經在龍之介的作家觀之中簡略地說明過。古老作家的作品永遠有人閱讀這一點，表示其作品有超越時間的特性，向現代的人們的心中述說，具活生生的意義。

舉例來說，「晨起後的髮絲，我不要梳理因它們是我所愛之人以手為枕時碰觸過的」這首詩刊載於『萬葉集卷十一』。它是數百甚至數千年前即流傳的詩句，連做詩的人都不清楚。但當人們在口中吟唱這首詩時，又會立刻清楚地感覺到根本就不相識的古代女性的氣息。戀愛的喜悅、苦悶、美麗、無常……，喔不，連戀愛本身的氣味也覺得傳過來了。

就此意義而言，這首詩絕不是古老的，而是永垂不朽，永遠契合人心的。歌德的作品之所以至今仍有人閱讀，那一定是因為，那些作品以今日的意義來說，具有向人們強烈訴求的部分。

人絕不是只有一種類型。以台灣的政黨來說，無論是執政黨或在野黨都有各種各樣的想法。即使是同為社會主義國家的俄羅斯及中國大陸，行事方法仍是截然不同。況且，因人宗教上的觀念不同，也會造成人在思想上的無數分歧。

在如此複雜的人類世界裏，有某位作家的作品超越時代一再有人閱讀這一點，乃是因為這位作家在人性上具有強烈的捕捉能力。對我們而言，在一切的信仰及宗教之前，應先有人的存在，不具有這種向人訴求的力量的作家，就無法保持長久的生命力。歌德的作品之所以超越時代仍有人閱讀，便是因為這種力量的緣故。下面的軼事，就足以表現這一點。

雷尼恩及歌德

雷尼恩於一九一七年七月企圖發動暴動失敗之後，感受到己身的危險，便暫時逃亡到弗恩拉特，根據一位名叫伊麥・馬西基里塞可夫的人士的追憶，當時雷尼恩帶到國外去的書籍清單，受到憲兵的調查，並保存下來，根據這份清單，除了經濟研究書籍之外，他所帶出去書籍還有二冊藝術書籍。那是那克拉索夫的詩集及歌德的『浮士德』。

雷尼恩喜愛吟誦那克拉索夫的詩，這是我們可以理解的事。那克拉索夫的詩句，都是以容易懂的語言，吟詠對民眾無愛心的支配者強烈的憎惡。他在很多詩篇中表現了雷尼恩心中的想法。

但是，雷尼恩專心一意致力於革命，在奉獻自己的同時生命也遭遇到危險，儘管如此，逃亡中他片刻都不丟開歌德的『浮士德』，一直隨身帶著，那是為了什麼呢？有些左派的人士說：「歌德是一位很偉大的庸俗者。」從頭至尾都在非難他，更有些年輕一輩的人說：「沒有比歌德更讓我討厭的人。」而背棄他。

他的反對者認為，歌德的家庭是富有的，母親是名門出身的大家閨秀，而其健康狀況也很良好，但他擁有高官及崇高的地位，沉迷於戀愛的喜樂之中，過著隨心所欲的生活，這樣的人，怎會是人類的模範呢？

我記得自己也在年輕時，對前輩們極力讚賞歌德一事頗有反應，而在心中暗暗發誓：我絕對不會使歌德合理化，永遠不認同他！當時的我，仍無法瞭解歌德的偉大之處，但如果仔細想一想，應該可以說，像歌德那樣很能捕捉人類本質的作家，並不多見。

在『浮士德』這本書中，非常著重於強調一點：人的心中有兩種力量在發生作用。其中之一是動物的、本能的力量，人們動不動就會被那樣強烈的力量所吸引，而趨向它。但另一方面，它有時又讓人有如上帝一般的崇高，成為不可思議的力量。

人的生活就好像在這兩種力量之間來來往往一般，被俗世的力量所牽引，一再地跌倒，有時則憧憬崇高的事物而活下去。就某種意義來說，歌德的『浮士德』可以說是向「人是什麼？」這個問題挑戰的作品。當時，為了革命而捨棄奉獻的雷尼恩身邊經常帶著『浮士德』，這實在是一件令人頗感興趣的事情。

雷尼恩的母親是一位德國裔醫師的女兒，她本身也曾經到德國留學，據悉，她德語說得非常流利。雷尼恩之所以喜愛閱讀『浮士德』，也許正是因為受到母親的影響。無論如何，如果無法解開「人是什麼？」的答案，則不可能成為真正的革命家。

相較於那些模倣別人說「歌德是一位很偉大的庸俗者」，根本就不想去好好閱讀歌德作品的進步主義者，雷尼恩顯得多麼具有作為一個人的豐富性。

人無論選擇何種意識型態，無論皈依何種宗教，如果在選擇、皈依之前本身並非一個內在豐富的人，則必定毫無魅力可言。歌德至今仍然透過作品向我們說話，當然是因為他是一位魅力十足的人。

前面說過有人批評他：「家庭是富有的，母親是名門出身的大家閨秀，而其健康狀況也很良好，但他擁有高官及崇高的地位，沉迷於戀愛的喜樂之中，過著隨心所欲的生活，這樣的人……」

這是多麼一般而表面上的看法，人們所看見的他，只不過是表相而已。如果深深體會了下面歌德本身說的一段話，便能瞭然於心。

「世間的人，一直將我視為命運的寵兒。我並不想特別發出不平之言，也不想悲嘆過去的生活。不過，總而言之，我的生活除了辛勞及工作之外，什麼都沒有。而在我七十五年的生涯中，真正快樂的時候，也許可以說連一個月都不到。這種情形似乎一再地重複著！」

詩人歌德的世界，是一個不斷行動的世界，革命家雷尼恩在『浮士德』這本書裏，看到的也是如此努力不懈的情形。

永無止盡的創作

歌德實在是一位非常多面的人。他就像是一個裝著一切東西的「購物袋」一樣，內容豐富極了。這樣的作家很容易變得很雜，但歌德並沒有這種毛病。這一點，或許正是永遠很多人在讀其作品的理由之一。

比方說，歌德經常被人們稱為「永遠的愛的詩人」，那是因為他寫了許多美麗的情詩，但寫情詩的詩人並不僅僅歌德一個人而已，在古今東西的詩人之中，都寫下眾多的情詩。然而，歌德除了在年輕時寫情詩之外，四十歲、五十歲、六十歲也寫情詩，不僅如此，連超過七十歲時他仍認真地創作情詩。而且隨著年齡的增長深深地刻劃著人的成長，他描繪著形形色色的人生樣貌，滲透進讀者的內心深處去。從青年時代到老年為止，像歌德那樣寫下那麼多美麗詩篇的詩人，在這個世界實為罕見的例子。

歌德並不是只寫情詩而已，除了情詩之外，他也廣泛地創作一般抒情詩、敘事詩、民謠、思想詩、短詩等等，多采多姿的作品中，每一種形式的創作都留下了傑作。歌德是與生俱來的抒情詩人，但他在小說及戲劇的領域，也堪稱第一流的作家。小說『少年維特的煩惱』及戲劇『浮士德』不用說已成為德國代表性的文學作品。

歌德的幅度之廣，並不僅止於文學的領域。他也能畫一手不輸於職業水準的畫，並以政治家之姿參與國政，幫助威瑪公爵。而且他在醫學、動植物學、礦物學、物理化學等領域也有頗深的造詣。他發現了顎間骨，對解剖學有所貢獻，是眾所周知的事。

一七九〇所發表的『植物變態論』已獲得實證，後來更進展至發現孟德爾法則。『植物論變態論』及『動物變態論』被認為是形成進化論的基礎。採集礦物，研究地形的變遷及地質的變動，是他晚年時極感興趣的一件事。歌德的『色彩論

威瑪所繪的威瑪公園

』，是花費近二十年時間的科學論述，他否定牛頓所說的「日光是由各種光線所成立」的論點，熱衷於打倒牛頓的學說。他的論點是基於「色彩是由光和暗兩種力量的相互作用所成立」的基本想法而出發。贊成歌德說法的人，在當時及後來都只是極其少數的一些人而已，但在那些極少數人中，包括了黑格爾等著名的哲學家，這一點倒是令人頗感興趣。

哲學家和詩人之間的關係不僅及於自然觀察方面，也理所當然地呈現於藝術觀方面。

歌德的背景，非常廣泛，在那些他所處理的作品之中，有著無止盡的主題要向讀者訴求。其中經常都會有無止盡的某種東西在向我們訴說，而那「某種東西」並不是形式化的學問及教養，而是被消化之後融入個性裏的人性之光。從那樣的作品之中，我們每讀一次都會受到不同而新鮮的印象。歌德的作品何以永遠擁有廣大的讀者群，其原因之一，可以說即在於此。

誠實的人品

有一句話不是說「天才和瘋子不過是一紙之隔而已」嗎？如果想到尼采，我們便會覺得這句話很有道理。從波特萊爾的『惡之華』中，我們也能感受到以常人的感覺也無法捕捉的淒慘感。

歌德也是一個天才，但他並不像波特萊爾那樣有著悽慘的感覺。毋寧說，他具有很多平凡的人的感情，而在他的作品及本身人品中，平凡人的感情實在是非常豐富的一面，成為其代表。比方說，歌德終其一生有過幾次戀愛的經驗，而他所喜歡的女性，都是內向的、家庭型的婦人。他十分厭惡只強調文化性的女性，對她們嗤之以鼻。

歌德在三十九歲時結婚，可以說是晚婚。當時他已經躋身貴族之列，也是威瑪公國的首相。作為一個作家，當然也獲得世界性的名聲。當時，如果他想要的話，無論多少名門的千金都能娶到。但是，他迎娶為妻的女子，卻是一個種花的女工。歌德在散步時，她靠近他直接懇求歌德給她哥哥一份工作。歌德便是愛上這位少女的樸實及率直，勇氣及可愛。

當時仍是封建社會，階級制度非常嚴明的時代。那是一個保守的時代，即使貴族群聚之處有平民混跡其中，也會引起議論。但堪稱威瑪公國最具身價男性的歌德，卻和一位身分相差懸殊的女性結婚，這一點難免遭受貴族社會砲轟般的非難，而連所謂的「入籍」都沒有得到允許，但歌德始終一直對這位沒有正式名份的女性感到深深的愧疚，十八年之後，在拿破崙的軍隊入侵而遭遇危險時，他們悄悄地舉行了只有二人的正式結婚儀式。

此時，歌德已不再畏懼世人的批評。他為了這位處於弱勢立場的女性及孩子，努力盡一個身為丈夫者的義務。這段插曲，正表示歌德的人格是多麼高尚，多麼溫暖的故事啊！眾人對他之所以有一股親近感，原因之一可以說隱含於如此誠實的人品之中。

『神與世界』的東方式歌德

歌德編輯了『神與世界』這部詩集，將其收錄於生前最後的全集之中。讀了那些詩，我們便可發現，這位大詩人晚年所達到的世界，和我們所熟知的世界重疊在一起。『神與世界』這個標題也很有趣。

總而言之，人的世界是不是就在歌德的『神與世界』中呢？這一點，和其個人是否承認神是毫無關係的。

一九二〇年末期到一九二五年之初，學生之間流行研究社會科學，而他們的哲學理論的基礎是唯物論的辯證法。當時的學生是年輕而善感的，因而為了黑暗的社會情況而憂鬱，想要改正社會的矛盾的熱忱非常熾烈。封建時代結束，資本主義社會接著出現。

同樣地，資本主義社會便應運而生，人們很容易相信這種歷史的必然性，也很容易簡單地就認為，人類的問題，包括精神上的一切在內，都能獲得解決。但是，社會主義國家出現之後，卻並沒有因為歌德的『神與世界』而消失，反而依然成為人類的中心問題而存留下來，這一點和以前一樣毫末改變。因為，那是包括所有的唯物論者在內，都會毫不顧忌地往前衝去的一股極大的潮流。

在『神與世界』這部詩集中，有一首名為〈萬象歸一〉的詩，這首詩最初的幾句是由如下的詞語所構成的：

身處於無限的世界
不可厭惡個人的消滅
如此一來，一切的苦都將匿跡
一切的願望，一切的意慾
以及煩惱的要求，嚴厲的抵抗
只要捨身，便是悅樂

經濟對人來說，是最重大的要素之一。但是，以為經濟生活富裕之後，人類的一切問題都能獲得解決，那絕對是大錯特錯的。物質生活的過剩，只會造成精神的荒廢，這一點在現代的社會便可獲得證明。

在無限的時間之中，人的存在正如在歌德的詩句中所吟詠的：「在一瞬之間消滅。」那種情形，無論是在封建時代，或現代的自由主義國家、社會主義國家都完全一致。依照時代或國家的不同，雖其樣貌有所差異，但本質仍是不變。

人在年老之後，任何人都會面臨死亡這個問題。史達林的女兒曾在回憶錄寫道，父親由於害怕死亡，因而讓衛兵守護病房，以驅走死神。克服無常，是權力或財力絲毫幫不上忙的事情。

前面所提到的歌德的詩句，簡單地說，它們可以說是描述了歌德本身對於無常的見解，以及人類克服這種歷史上一再重複著的大問題的見解。

首先，我們所感覺到的是歌德的見解非常具有佛教性。佛教之中有所謂「諸法無我」的真理。所有的事物，都在時間上、空間上、概念上互相發生關係，沒有一種事物是和其他事物毫無關係的絕對孤立的存在。萬物都是因互相維持某種關係而有流轉。因此，人不可以將一切事物視作固定的、永遠不變的東西，執著於它。人之所以有不安及煩惱，即是因為不懂得無常無我的道理。

不執著於一切才不會產生執著之心，知道如何根據正確的判斷去採取行動。因為沒有執著的不安及煩惱，心就會動搖。這種情形稱為涅槃，而由此所產生的清明，則是幸福、寂靜。這便是佛教的目的，也被認為是人生最高的理想。

歌德的詩句，甚至令人覺得他似乎已領悟了佛教的真理。如果執著於不可執著的一切，就會成為無止盡的願望、意慾、要求、抵抗，而成為不安及煩惱的根源。捨身即是瞭解無常無我的道理。歌德對於「捨身」兩句，以德語的「放棄自我」來表示，也就是「斷絕我執之念」的意思。這樣的心境，對東方人來說不是非常親近的境界嗎？

西田幾多郎的歌德觀

著名的哲學家西田幾多郎於一九三一年十二月對於歌德發表如下的看法：

「歌德的世界乃是行動的世界，而非直觀的世界。放棄，必須是行為上的放棄才行。而且在歌德的行動的世界底層，並非如康德及費希德一般理所當然的行動，而是『解脫』。……在歌德的想法裏，既無內也無外，所擁有的東西便是其原本存在的樣子，任何東西都是從『無』之處到『無』之處，到沒有任何東西的地方去。而且，如此由『無』到『無』之處，有著人微妙的感覺。……當歷史作為永遠的今日的限定時，過去也包括於現在，未來也包括於現在，被認為會消滅無踪，此時，所有的東西都可以說從沒有來的地方來的，而到沒有去的地方去，現在存在的東西，永遠保持著原來的樣子。在我們所接受其薰陶的東方文化的底層，具有如此思想的潮流在流動。」

這段話也指出了歌德的東方性本質。

一般而言，西歐文明的基礎是以基督教及希臘文明為兩大支柱。在基督教滲入極深的西歐社會中，無常觀並不發達，即使是翻查手邊的哲學辭典，也找不到「無常觀」、「無常感」這些項目。那是因為，一切都是來自於神，然後都又回歸於神。

歌德是生活於西歐社會的基督教徒，但他坦然且深深地感覺到無常。他沒有受到固定型態的西歐人的影響，因為他擁有不受規劃束縛的豐富人格。這個世界雖然受到經濟及政治所左右，但是，歌德的『神與世界』正顯示了無法以經濟及政治解決的人類問題，深入揭開人生底層的樣貌。而『神與世界』的問題，只要人類存在，就一定會成為身邊的問題，永遠存在著。

湯瑪斯曼的演講

「德國式」究竟所指為何?以德國人個人而言，每個人的臉長得不同，同樣地，個性也有所不同。儘管如此，仍存在著「德國人式的」、「德國式的」之類的名詞，而這樣的概念正逐漸在通用、流行，這一點，和台灣人使用「台灣人式的」、「台灣式的」是一樣的道理。即使個人有非常不同之處，但若是進行集體性的觀察，便可舉出若干共同點，那是因為，每個國家的人自然地和其他國家的人有所不同的緣故。

歌德和「德國人式的」或「德國式的」有何關係呢？思考這樣的問題，也就是思考「德國人式的」為何？從這個問題得到一個答案，同時也能瞭解歌德本身的本質。作為嘗試解開此一問題的答案之一，在此敘述德國的作家湯瑪斯曼（一八七五～一九五五）的思想。

第二次世界大戰德國全面投降的翌月，也就是一九四五年六月初旬，湯瑪斯曼以「德國與德國人」為題，發表了在美國國會圖書館的演講。被納醉剝奪公民權而流亡到美國的湯瑪斯曼，在一年之前便已獲得美國公民權，而在國會圖書館也擁有館員的地位，他演講的要旨，是以那些在無謂的戰爭結果之下，掙扎於悲慘命運的同胞為出發點，一方面則是靜靜地反省德國人的本質。

這位老作家對於德國人的批判絕不是冷漠無情的，也非充滿憎惡的，而是對包括他自己在內的德國人本身深入而謙虛的省察。

在他的演講之中，湯瑪斯曼將馬丁路德、歌德、俾斯麥等三人的名字視為最能表現德國式的特色的人物。

德國人的性格之中，最顯著的是具有音樂性及浪漫主義，而這兩種傾向，和德國人著名的本質，也就是「內向性」有著極為密切的關係。德國民族雖然對世界的文化有著十分輝煌的貢獻，但一方面也一再引起重大的戰爭，為世界帶來極大的困惑。而湯瑪斯曼認為，這件事本身和德國式的性格有著極深的關係。

馬丁路德型的德國

馬丁路德不用說是具體表現德國式的本質的偉大人物，一個重要的典型。他完成了宗教改革，並翻譯聖經，奠定現代德文的基礎。他說，信仰才是獲得神的恩寵的唯一道路，而從蘇格拉底哲學複雜的束縛之中將人們解放出來。他將「良心」和「神」直接連結起來，使研究、批判、哲學性思想等自由有了突破性的擴展。對於他的偉大，湯瑪斯曼一點都不想提出異議。

儘管如此，湯瑪斯曼還是不喜歡馬丁路德，因為他認為，馬丁路德同時具備了德國式的優點及缺點，而可怕的缺點面，一再在德國人的歷史上重複著，帶來了災禍，所以，湯瑪斯曼不可能喜歡馬丁路德。湯瑪斯曼認為，馬丁路德可以說是這方面的範本，這一點究竟具體地表示什麼？

馬丁路德將「人」和「神」直接連結起來，藉以促進歐洲的民主政治。因為他主張「所有的人都是其自己本身的主宰」，他的這項主張，便是民主政治的基礎。但是，在這一點上湯瑪斯曼仍無法全面地認同馬丁路德。我們現在暫且來聆聽湯瑪斯曼自身所說的話：

「沒錯，馬丁路德是一位爭取自由方面的英雄。——但那是德國型的。因為他根本就不瞭解自由。我在此作為問題而提出的並非基督徒的自由，而是政治上的自由，也就是身為一個國民應有的自由。政治上的自由不僅使馬丁路德變得冷酷，同時他的活動及要求是違背其心靈的。在他之後四〇〇年的時代，社會民主主義者的德意志共和國的第一屆總統說：『我憎恨革命如憎恨罪惡一般。』這句話完全是馬丁路德式的，也完全是德國式的。而事實上，一般農民有如憎恨罪惡一般憎恨馬丁路德。一般農民原本也是和馬丁路德一樣，由於新教徒的感動而挺身站出來，如果當時這股熱忱能獲致成功的話，在整個德國歷史上，可能就會往幸福的方向轉變，也就是可能轉往自由的方向去。然而，馬丁路德將農民的起義看成是他的成果致命傷，將會損毀其所有努力，也就是說，他認為宗教上的解放是再危險不過的一件事，厭惡得彷彿看見蛇蝎似地，因而竭盡全力去咀咒它，他命令將農民趕盡殺絕，好像打死一條瘋狂的狗一般。而他向封建君主們呼籲，現在就要像屠殺畜生一般將農民絞死，如此便可讓他們到天國去。德國的第一個革命，最後便以悲慘的結果終結，而封建君主們獲得絕對的權力，贏得勝利，關於這一點，德國極受歡迎的馬丁路德，應負起極大的責任。」

所謂德國的農民戰爭，是在封建制度之下極度被壓抑的農民，受到馬丁路德的鼓吹，相信福音主義，而在德國南部地區及西南地區蜂起，可以說是因為馬丁路德的說教而引起的熱情的爆發。

開始時，他支持農民們，但當他們的勢力壯大之後不久，他便完全改變態度，呼籲封建農民應進行徹底的鎮壓。雖然任何人都無法否認馬丁路德是一位偉大的人物，但他也是一位德國型的偉人，在擁有解放的力量的同時，也擁有反動的力量，就這種雙重意義而言，他可以說是一位保守的革命家，是德國式的。

馬丁路德的宗教改革，是德國人的內向性所完成的一大歷史性行為。德國人稱之為解放性的行為。的確，雖有很好的一面，但另一方面，我們也不能忘記，他成為之後德國的步伐扮演加上笨重腳鐐角色的始作俑者。

根據湯瑪斯曼的說法，馬丁路德由於反抗羅馬教皇，所以，不得不採取反羅馬、分離主義及反歐洲的態度。結果，他使歐洲的基督教徒分裂為兩個世界，而終致造成三十戰爭這樣的歷史大慘禍。

德國人的分離主義性的內向性，進一步成為產生德國國粹主義的根源。德國人由於具有完全成為德國式的一種民族性利己主義的念頭，於是後來便開始主動積極地想將歐洲德國化，並進而將世界德國化，兩種野心結合起來。

俾斯麥型的德國

德國在馬丁路德之後，又產生了俾斯麥這位德國式的英雄。他實現了德國的統一，而且完成德國君臨歐洲的美夢，是一位政治上的天才。但是，俾斯麥的德國沒有所謂的民主政治。他所說的民主政治是從國民這兩個字眼的意義上著眼，和帝國沒有任何關係。因為戰爭而產生的德國，後來成為世界上最令人頭痛的德意志帝國，而它也終於因是世界的棘手國家而消滅。

希特勒帝國第三次為德國帶來極大的慘害及恥辱。至於優秀而善良的德意志民族，為何一再陷入如此的悲劇呢?湯瑪斯曼分析此一問題的原因，認為這是不瞭解真正自由的國民的悲劇。

「自由這個名詞，如果從政治上來加以解釋，應是一種道義上、內政上的概念。內在沒有自由而對自己本身無法負起責任的民族，不值得獲得外在的自由，那樣的民族，沒有資格和大家一起談論自由。即使只用聽起來冠冕堂皇的話，那也只不過是誤用而已。過去德國人對於自由的概念，都只著重於外在的表相。而此時他們所想到的只有『德國式的』的權利。那完全是德國式的權利。那完全是德國式的，而非德國以外的任何東西，也是超越它的任何東西。德國人對於自由的概念，是想儘量抑制民族性的利己主義，而對共同社會或人類奉獻，這一切都產生了以自由為中心的防衛自己的抗議性概念。」

歌德型的德國

湯瑪斯曼作為德國的代表性人物，而列舉的馬丁路德及俾斯麥，在人格之中深植著招致希臘式德國悲劇的要素，也就是**Deutschland über alles**（德國冠於全世界）的優越感。這種德國至上、浪漫主義的夢魇，左右了德國人的觀念。但德國還有一位代表性的人物，不用說他就是歌德。湯瑪斯曼悲嘆道：為何德國人總是遵循馬丁路德式的行事方式，而不選擇歌德式的試一試呢？

歌德不分時代及國家，對所有偉大的事物及遠大的思想，都表示出深深的共鳴。他喜好超國民性，能獲得全世界理解的「德國式的」事物，而國粹性的狹隘想法則令他厭惡之至。

拿破崙戰爭之際，所謂的急進的愛國者們，也對他大加撻伐，責難他怎麼可以答應侵略者拿破崙的要求，去和他見面。但是，如果從今天的觀點來看歌德的行為的話，任何人都能看得很清楚，他是從廣闊的見識來作此一決定，他是深愛德國的。君臨於歐洲的拿破崙皇帝，對於這位德國詩人也非常欽佩。

關於宗教，歌德的立場根本未被狹隘的宗旨所束縛。他雖然出生於信仰新教的家庭，但無論是新教或舊教，凡是他不喜歡的事情，就毫不客氣地加以貶損，說得一文不值，而他對於心念高尚的人，無論他們的宗旨如何都會尊敬對方。

他對回教也有所瞭解。從年輕時起，他就對史賓諾沙的泛神論產生共鳴，在自然之中發現神的形貌，形成對於宗教的思想。到了晚年，則有獨立的發展，他對所有的宗教都有所瞭解。就此意義而言，他雖然是一位宗教性的人，但同時也是一位宗教的流浪兒，並無固定歸所。不過，他經常不斷地努力，想從現實生活之中窺見高貴的神性之姿。

「世界文學的時代」已經來臨

世界文學這個名詞，直到今日仍在日常中使用，但第一次提倡此一概念，第一次使用這個名詞的人是歌德。他對於文學的世界，也厭惡生活於狹隘的世界。在他晚年時，德國文壇仍在浪漫派的主宰之下，一切受其支配。但浪漫派強烈地受到民族戰爭之後的政治的影響，非常具有國粹性。因此，取材的選擇及處理的態度絲毫都沒有令人舒暢的感覺，有一種拘束感。「世界文學」的提倡，有極大部分是針對這種閉鎖的文壇傾向所提出的反駁，也具有啟蒙的意味。

他對艾克曼說：

「我愈來愈加深這樣的想法：文學是人類的共有財產，無論時間及地點，它從無數人們的心中產生出來。多少有好與壞的區別，而有些人的作品比其他人的作品多少存活得久一點，不至於被埋沒，只是如此而已……，因此，任何人都沒有理由因為自己寫了好詩而自以為了不起。但是，如果我們德國人只是從自己狹隘的環境去看外面的世界，將會很容易成為這種迂腐、自以為了不起的傢伙，被束縛於狹隘的世界之中，因此，我喜歡詢問外國的情況，也勸別人這樣做。『國

威瑪的歌德居所

民文學』這種東西，已經沒有什麼太大的意義。世界文學的時代已經來臨。所以，我們必須促進此一時期的早日來臨而努力。」

歌德從十八世紀中葉開始的半世紀之內，拓展文學的世界，脫離德文的範疇，超越德國政治上的國境，第一次將文學推廣到法國、英國、義大利、俄國、北歐各國，並滲透到歐洲文化國家的整個區域。雖然他自己本身連一步也未離開威瑪，但全歐的詩人、文人，都好像要到聖地朝聖、巡禮似地，為了看他而聚集到他那兒去。

此一事實，亦即世界的詩人及文人們等教養較高的人，能超越一切政治上、人為上的界限，彼此由衷地交談，讓歌德深深產生一種想法，認為文學是「人類的共有財產」。歌德的這種想法，表示每個人都有國民的特殊性人格，雖然完全有個性是實存的，但同時也具有普遍性的人類共有財產的價值。

湯瑪斯曼悲嘆德國沒有遵循歌德的行事方法，是因為他自己本身深信，唯有在歌德式的行事方法之中，才有德國的偉大，因為那是絕對普遍的偉大，所以，如果德國人尊重歌德式的世界，就會在和其他的世界之間經常搭起一座溝通、和解、妥協的橋樑，達到和諧的境地，將來也會有這樣的橋樑。湯瑪斯曼的見解，同時也成為對於「歌德的作品為何永遠有人閱讀」這個問題的答案。

德國人的富士山：歌德

德國的作家哈斯・卡羅沙（一八七八～一九五六），在第二次世界大戰的末期和少數的神父們合作，宣言他的故鄉名為巴薩威的古都無防備，如此聲明以保護故鄉免於遭受聯軍的砲火。如果當時戰爭稍微拖得久一點的話，他一定會被主張徹底抗戰到底的納粹軍隊處刑。這位沉靜的勇者，在以「現代所受的歌德的影響」（一九三六年六月八日）為題的演講中說了如下的話：

「我們的艾爾斯・貝特拉姆說，把歌德這個綜合性的體驗命名為『遠方可見的黛綠色的心靈之山』，對於歌德和現代的關係，再也沒有比他這種說法比喻得更好。這座聽起來很美麗的山，即使有很多不知道他的人，仍然完好地高聳在國家的中心。而它是否會成為色彩刻劃在我們身邊的事物，這一點完全和我們自己本身有所關聯。正如所有的日本人都把充滿傳說的『火之山』，也就是富士山，視為神聖的靈山，即使住在遠處，從未在其峽谷、山麓或雪花紛飛的山頂留下足跡，也會認為那是故國的象徵，深深地覺得那是自己的東西。同樣地，我們德國人即使幾乎沒有打開歌德的書，也可以感覺到歌德的存在，感受到其力量。事實上，任何人都能感受到歌德在庭院及森林之中，或是在閃爍發光的湖泊旁邊，自由自在地徘徊漫步時的情景，在其中有著十分美好的相遇的經驗，能聽見上帝的聲音，也能下到很深的礦坑裏去，可以從那裏挖掘出能自由加工的眾多礦石。」

將歌德和德國人的關係比喻為富士山和日本人的關係，對我們來說，是一件很有趣的事。

雖然富士山是日本的山峰，但全世界的人都以驚異的眼光來看待它，這種情形，和歌德雖是德國的詩人但卻廣泛地被全世界的人所喜愛，在某種意義上，的確可以說相當類似。卡羅沙所說的艾爾斯・貝特拉姆（一八八四〜一九五七），是當時著名的科隆大學教授、詩人，也是文藝評論家。

卡羅沙雖然是德國人，但他對歌德的看法，卻是站在寬闊的世界性視野去瞭望。據他所言，偉大的人會有著和貴重元素相似之處。比方說，雖然像鐳那樣單純地存在著而發揮其作用，但不會問其放射能，對什麼人有害。歌德的存在，也和這種情形一樣。無論是新教徒、異教徒或天主教徒，沒有任何一個人，不受到從年輕的歌德到年老的歌德的新鮮感所感動，也沒有任何一個人，不被他虔敬的心情所感動，德國人完全被歌德所俘虜了。

而他下面的想法：歌德的世界可以說是德國人所敬愛的世界，同時也是很接近人類共通的理想國的世界。

「如果有一天這個世界上降臨了和『永遠的和平』這種自古以來的夢相呼應的狀態，那麼，人類所實現的狀態，可能和歌德的世界相去不遠。」

無論在任何體制的社會裏，人們所描繪的理想國的情景，在觀念上是幾乎一致的，但事實上採取什麼樣的情景呢？卡羅沙思量著對此一疑問的答案。對人類來說，最重要的莫過於尊重人。歌德認為，人應從人的角度去看萬物，他的這種態度，也許正是為何他經常超越時空，仍和許多人產生共鳴的原因。

第二章　疾風怒濤的時代

年輕時代的歌德

歌德的家系

歌德（Johann Wolfgang Goethe）在一七四九年八月二十八日正午出生於瑪茵河畔的法蘭克福。

歌德在其《自傳》中寫道：「所謂的助產士，技術並不嫻熟，所以，我生而為一名死嬰，歷盡各種方法才能重見天日。」據說，歌德的母親經過三天的難產才生下他。以現代的方式來說，他是以暈厥的狀態出生的。根據傳說，助產士和祖母在經過考慮之後，用葡萄酒搽在歌德的胸口，他才慢慢地張開眼睛。

他的父親約翰．卡斯巴．歌德自大學畢業之後，非常希望留在鄉里的市公所工作，但遭到拒絕，而以私人來說，他過了一輩子懷才不遇、不如意的生活，最後抑鬱以終。但詩人感覺到，父親雖是一位一本正經、頑固古板的人，但在他不中用的性格背後，卻隱藏著一顆溫暖的心。

歌德在短詩裏如此吟詠：

我由父親身上繼承體格
以及人生嚴肅的生活方式

歌德的父親非常晚婚。他娶妻時是接近四十歲的中年人了。以當時來說，可以說是即將屆臨初老的年齡。而對方是一位十七歲的小姑娘，他們之間年齡有二十一歲的差距。

父方的家系是出身於丘陵根一地，曾祖父是一位馬蹄跌的鐵匠。祖父弗利特里西・高爾克・歌德年輕時便離開故鄉，成為婦女裝的工匠。

這個職業在當時最高尚、最時髦的職業。他在巴黎學習，成為能力極佳的裁縫師，並到各地方遊歷，最後在絹之城里昂工作，但由於政治情況的變化而放逐到法國，不久在法蘭克福落腳。

失去了前妻之後，歌德的祖父娶了富有的旅館經營者的遺孀為繼室。而歌德的父親，就是和這位妻子之間所生下的第一個男孩。她的嫁妝是一座非常高級的

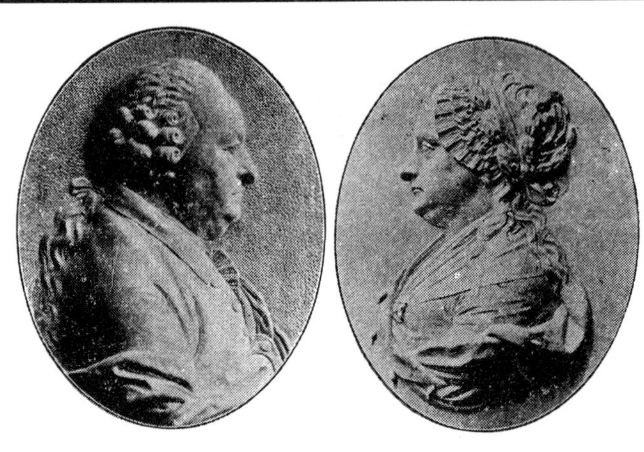

歌德的父親(左)與母親(右)

旅館。名為「柳屋」的旅館，是一棟五層樓富麗堂皇的建築物，有很長的一段時間，它成為法蘭克福著名的標的物之一。

身為優秀的女裝裁縫師，祖父以這座旅館作為根據地，在商場上發揮了他做生意的本能。他最成功的地方，在於葡萄酒的交易方面。他的孫子歌德在數十年間能有良好物質生活，完全是拜其之賜。

歌德的母親在未出嫁之前的名字是伊麗莎白·迪克司特，她是迪克司特家的長女。母親的性情開朗。相對於父親的愁苦悲觀，母親顯然是豁達的、樂天的。

母親的娘家是一個素孚聲望的家族。歷代的祖先都是法律家，外祖父發跡極長，一直平步青雲，曾擔任過法蘭克福的市長。市長這個職位，在自由都市法蘭克福被視為最崇高的地位，而且是終身的地位。外祖父和歌德的父親是兩個對照性的人物，恰成對比，在體格、性格上兩者截然不同。據悉，外祖父是臉型細細長長的人，個性有著容易通融的彈性，表現出自由自在的一面。

歌德的父親自大學畢業之後便前往義大利旅行。以當時的情況而言，一個既無身分也無地位的年輕人做這樣的旅行，可以說是非常不得了的事情。而且他一回到故鄉便無視於形式，向市公所提出就職的申請，要求一份工作，說什麼開始時不要任何薪水。

以門閥式的說法，在當時政府官員的眼中看來，歌德之所以有這樣的言行舉止，他們無不認為這些動作是來自他地流浪到這裏的裁縫師之子，想藉著金錢說話，於是反映於傲慢的態度。

結果，被拒絕就職的歌德的父親，想要讓那些迂腐的官員刮目相看而負氣離去，為了爭一口氣，他以鉅額金錢向皇帝買了「樞密顧問官」這個官位，這是一個有名無實只有頭銜卻無任何工作的職位。不過，由於這個頭銜的關係，他開始能和身分地位高於自己的人平起平坐。因此，從另一方面來看，他和就職的機會

歌德出生的房屋

離得愈來愈遠，幾乎無緣了。

母親的娘家迪克司特家雖具有聲望，但卻不富裕，當擁有財力而剛邁入初老之齡的「樞密顧問官」閣下向他的長女求婚時，他就立刻答應了。

迪克司特家有四個女兒及一個兒子。對女兒們的教育並未花費太多的金錢。女兒們都很自在地成長，未受到任何壓抑，但並未受過太多的教育，只不過讀過普通的書本而已。次女嫁給一位糧食雜貨商，三女嫁給牧師，么女則嫁給軍人。兒子修習法律，後來他也成為市長。

歌德出生翌年的十二月，妹妹克勞莉亞也相繼出生。但後來出生的三名子女都不幸夭折了。歌德最後只有兩個妹妹。他的父親只想將自己關在屋子裏，對於蒐集書籍、博物標本及圖書非常感興趣，而很熱衷於子女的教育。這位擁有終身職的「樞密顧問官」，和整個世界鬧著彆扭將自己和世界隔絕了，由於長久脫離社會，他很快就老態龍鍾。

歌德所出生的房屋，現在已經被列為法蘭克福的觀光路線，到當地去的人一定會前往遊覽一番的名勝古蹟。歌德出生時的房子，是其祖父逝世的翌年（一七三一），祖母買下停業的旅館而開始居住。這位祖母非常長壽，歌德五歲時，她已八十六歲的高齡結束了一生。關於祖母，他在自傳之中寫道：「我常常會想起宛如精靈一般，美麗、削瘦、隨時都穿著清爽服裝的祖母。她溫和、慈祥而令人容易親近。這樣的祖母，長留在我的記憶裏。」祖母死後，歌德出生時的那棟房子改建了，將兩棟房子連接起來，這件工作，對沒有工作的「顧問官」來說無疑是一大工程，也是一個大事業。

自由都市法蘭克福

歌德所出生的都市法蘭克福，自古以來即是著名的交通要衝。那是因為，如果從此地橫越瑪茵河的話，無論是軍事上、通商上都極為便利。歌德出生當時，法蘭克福的人口有三萬人以上，是一個很有活力的城市。交通方便，自然而然地使這個城市成為政治、經濟、文化的中心點。而且由於克魯大帝及其繼位者居住於此地，此一事實不僅使法蘭克福成為德意志帝國主權者的選舉地，後來更被定為德國皇帝舉行加冕儀式的地方。

基於以上的理由，法蘭克福的市民直屬於皇帝，並不受其他擁有特權者的支配。因此，神聖羅馬帝國失勢之後，法蘭克福也形同一個獨立的自由市，而市民們對這一點一直頗引以為傲。

另一方面，歷史上的傳統在城市的外觀及生活機能上，留下了強烈的中世紀的影子。在城堡裏緊密地建蓋了許多房屋，路面狹窄而彎彎曲曲。而且這裏的寺院及修道院與市民的邸宅無不圍繞著高聳的圍牆，可以說呈現了有如陰鬱的城塞一般的樣貌。當時的風潮，人們較喜歡法國式的城市，而這個城市則完全流行德國中世紀風格的習慣、道德及服裝。

市民以非常嚴重的階段予以區分。屬於最下階層的民眾幾乎沒有任何的權利。而且在其之上還有商人及大學出身的學士。最上階層的是名門貴族的人士，市政的實權握在貴族及學士這些人的手中。因此，儘管是自由都市，但如果以今日的眼光來看，那是一個非常不自由的世界。雖說如此，法蘭克福比起德國當時的各個都市顯然好多了。

法蘭克福選出純天主徒的德意志皇帝，在此城市舉行加冕儀式，不過，整個城市本身是屬於馬丁路德派的城市。天主教徒的人數非常少，他們沒有參與市政的資格。歌德家屬於新教徒。在身分上他們雖不是上流階段，但他們是非常富裕的市民。

歌德家有水井，也就是在廚房裏有一口井。當時，戶外有公共的水井，而到那口井去挑水，便是家庭主婦及姑娘們每天必做的工作。歌德出生時，家中有水井的人家據說只有二家而已，所以由此可知，歌德家在當時堪稱富甲一方。

變化無窮的世界之中

歌德出生於一七四九年八月二十八日，逝世於一八三二年三月二十二日。在八十三年的歲月中，世界上產生了各種各樣的變化。他擁有數次戰爭及社會變動的體驗。意味著神聖羅馬帝國崩潰的七年戰爭、美國獨立戰爭、法國大革命及後來的戰爭、動亂，拿破崙稱霸世界及沒落，之後的反動時代，一八三〇年的七月革命等等，都是獨特的體驗。少年時代一直在中世紀的餘韻下成長，晚年，歌德才聽到無產階級對於最初的政治權利的宣言。

在藝術上，時代也變化無窮，從巴洛克變成洛可可（十七、十八世紀歐洲所流行的纖巧華麗的房屋裝飾法）、啟蒙主義、古典主義、浪漫主義。德國文學被認為是鄉土文學，各國幾乎忽略了它，但由於歌德的出現，才第一次廣泛地引起世界的注目。

小小的德國城鎮威瑪，已經成為法國、義大利、英國、俄國、美國、塞爾維亞、波蘭、斯堪地那維亞等地的年輕文學界人士所嚮往的聖地。

在科學的領域，中世紀的陰影也迅速地抹去。化學取代了鍊金術，已經形成生產的基礎。另一方面，古老的神學的世界樣貌，已經被奪去寶座，信仰已被康德從學問的領域分開。人們被捲入和自然進化有關的事情之中。歌德也對解開自然之謎的工作產生極大的貢獻。出生於十八世紀中葉法蘭克福的歌德，一步一步地踏進變化無窮的世界之中。

歌德的教育及閱讀

少年歌德主要是在家庭之中受教育。當時，小學的教育尚未完備，所以，良家子弟們都是在自己家中接受家庭教師的自宅教育。歌德也依循此一方式。他的父親本身就是一位熱心的教師。

因為歌德是一個非常聰明的少年，所以，他很快就無法滿足於父親及其他教師所傳授的學問。他認為文法是任意訂出的法則，一點都覺得有趣。但是，押韻的法文入門書卻是他所喜歡的書本。歌德一邊打拍子一邊讀那本書的內容，並吟唱出來，歌德雖有時會由於文法上的錯誤而成績不如其他的少年，但在超越文法直接理解文章的內容這一點上，他是非常卓越的。

在作文的課題方面，他經常不讓別人有趕上他的機會。在教歌德法文的房間裏，父親也同時教妹妹義大利文。因為他做完自己的課題之後必須靜靜地坐在原位，令他感到無聊極了，所以他不再理自己的書本，聆聽妹妹的授課內容。在這樣的順便學習情形之下，他很快地理解了義大利文。語文學是他拿手的領域。英文、法文、義大利文、拉丁文、希臘文、希伯來文，都是他在少年時代所學會的語文。

少年歌德

歌德是一位很喜歡閱讀的少年。當時，還沒有「兒童文學」這種東西，不過只要有可以閱讀的書本時他便拿來看，他所讀過的書，多得令人驚訝。他讀過各種寓言、神話、奇譚，歌德的頭腦裏簡直裝滿了很多事情及奇怪的人物。而他一再反芻著這些事件及人物，絲毫都不會覺得厭倦。

法國的僧侶所寫的教育小說『狄雷瑪克』及狄福的『魯賓遜漂流記』，都是他很喜歡閱讀的書籍。其他方面，他也閱讀當時名為「通俗文庫」的文庫之中的許多故事。其中也包括了浮士德的傳說。

因為他住的房子有很多老舊且陰暗的角落，所以，很容易使孩子們心生恐怖感。但當時一切恐怖的氣氛，主要是源自讓孩子從小就習慣於可怕事物的教育方針，這種方針是不幸的，因此，孩子們必須和孩子睡在一起，不能和大人同睡。

歌德對這一點覺得難過不已，當他偷偷溜出自己睡覺的地方，想和女佣、僕人同睡時，他嚴厲的父親就把睡衣反過來穿，化妝成不知從何處來的模樣，讓孩子們驚嚇，迫使歌德再回到自己的寢室去。

他這樣做的結果，反而增加孩子們的恐怖感。但個性開朗的母親向他們說，如果再忍耐一些的話，就會讓他們巧妙地達成目的。正值桃子成熟之際，她允諾孩子們如果孩子們晚上好好睡的話，第二天早上就要給他們很多桃子。如此一來，便有了對雙方都很滿意的桃子。寫在歌德自傳中的這段插曲，也凸顯出歌德的性格，將歌德少年時代的氛圍描繪得極其生動。

自幼小便引起歌德興趣的是，父親為了裝飾二樓走廊而掛在牆上的幾幅羅馬風景畫。歌德可以從父親那兒聽到有關畫面的說明。

平日沉默寡言的父親，對義大利的風土人物也表示出極大的興趣。從義大利帶回來的大理石、礦物蒐藏品，父親也經常拿給他看。父親以年老的義大利語文老師為助手，編輯了以義大利撰述的義大利紀行。歌德自己後來接觸到義大利的風土人物，感慨地表示好像看到似曾相識的東西，那大概是他幼小時的見聞所產生的親切感。歌德的義大利之旅，為他的生涯帶來重大的轉機。

歌德的惡作劇

歌德雖然沒有遊戲的玩伴，但所謂的青梅竹馬的朋友一個也沒有，他和小他一歲的妹妹一起遊玩的時候居多。他是一個厭惡馬虎的少年，但也並非無論任何事情都鄭重其事的神童。他也和其他孩子一樣，做了許多淘氣的事情。現在在此為各位介紹一個例子。

在歌德家的房子尚未改建之前，玄關的入口處有一個稱為「格子間」像鳥籠般的建築物，這是當時普通的家庭都有的建築物，樣子有如現在守望相助的崗哨一般，在這間木造的格子式房間裏，婦女們縫紉、編織或做沙拉，鄰近的女人們在此互相交談，交換一些訊息，孩子們也經由這間格子間和附近的孩子們交往。

有一天午後——當時歌德只是四、五歲的孩子——在這間格子間玩買賣盤子及水壺的遊戲，但他後來覺得實在玩膩了，於是突然將一個盤子用力向街上甩出去，看到盤子破碎，他興奮極了，拍手鼓掌起來。

此時，住在對面平日很喜歡歌德的三個小哥哥，看到這種情景便大聲喊叫：「再甩！」歌德聽到之後立刻又扔出一個盤子。

三個兄弟不斷地喊叫：「再甩，再甩啊！」歌德接二連三地將小盤、小鍋、小杯等等全都用力向馬路上甩出去。

到了最後，歌德所有的東西都沒有了，但三兄弟仍繼續喊叫：「再甩！」回到屋子裏歌德跑進廚房拿出大盤子。而大盤子碎裂的情形的確很值得一看。他們繼續大聲喊叫：「再甩！」

歌德就這樣來來回回好幾趟，把放在碗櫥裏看到的所有陶器都拿出來，一個也不剩地扔碎了。每個人都被巨大的聲響嚇著了。

里斯本大地震及七年戰爭

當時雖非今日這樣講求速度的時代，但還是發生了各種社會事件，形成對每個少年的人格塑造有所影響的動因。

一七五五年十一月一日，發生了有名的里斯本大地震，使葡萄牙的首都毀於一旦的地震，據說一瞬間奪去了六萬人的性命。關於這次的悲慘事件，一再聽過數次的歌德，無論如何也無法瞭解別人告訴他的聰明、極為慈悲的萬能之神，為何不能防止那些從不做壞事的人們的毀滅？

他雖然努力於消除這種不信神的印象，但結果仍是徒勞無益。關於神的問題，從少年時代起便緊緊地扣住歌德的心。當時，被教給歌德的教會新教主義，只不過是一種枯燥乏味的道德。他儘管是一個小孩，但仍無法瞭解教會的形式主義，歌德自然而然地，開始被脫離教會的少數人真摯而具獨創性的意見所吸引了。

他逐漸萌生了直接接近自然的偉大之神的想法。他終於達到「直接和自然交涉、接觸，將自然當作自己作品，承認神的存在並去愛祂」的想法，他認為這樣的神才是真實的。

里斯本大地震的翌年，也就是歌德七歲時，發生了歷史上著名的七年戰爭。那是奧地利和普魯士兩國之間的戰爭。普魯士後來予人軍事強國的印象，但在當時它只不過是反抗神聖羅馬帝國和其強大的同盟軍，位於世界一個角落的國家而已。不僅俄國、法國兩大國家，連德意志的大部分國家也都站在奧地利這一方。而支持普魯士的只有英國和二、三個德意志的小國而已。

身為市長的外祖父，已經公開支持奧地利，而父親則屬於普魯士的陣營。自己人卻分裂為二大派，因為這件事的緣故，外祖父和其女婿終生都不投緣，無法親近。歌德本身也是親腓特烈大帝。也就是說，他喜歡後來被稱為大帝的腓特烈二世。到外祖父那兒他就會聽到很多有關腓特烈二世的惡評，而感到厭倦。

但是，他不能在家中談論這件事。因為夾在中間深感痛苦的母親不願談論它。他對於外祖父母的尊敬及親愛之情逐漸降低了。為了這件事，歌德不得不變成一位懂得內省的少年。正如里斯本大地震之後開始懷疑神的慈悲一樣，他為了腓特烈二世而開始懷疑這個世界的公正。

關於歌德的學業，他並非像今日一樣循著正規的途徑去獲得畢業證書。當時的大學入學資格並沒有特別嚴格的規定。到了讀大學的年紀，不管是否已經從高中畢業，或是自修到一定程度，都可以進入大學就讀。但是，歌德的父親在這方面當然有不滿之處。他認為兒子所學過的學科及外國語文的清單，無論拿到哪裏都是非常優秀的。

在數學方面，據說歌德對幾何學特別有興趣。物理當時尚未成為一門學科，但他已懂得用大市集上買回來的小發電機，到處去玩耍。無論如何，當時是任何事情都沒有強制的規定、毫無拘束感的時代。

對克蕾德莎恩一見鍾情

歌德有一個後來看來不錯的少年時代。而且他有了初戀的體驗。那是他十四歲的事。對方是在小餐館服務的女性，也是家中親戚的女兒，名叫克蕾德莎恩，比歌德大上二、三歲。歌德這樣的良家子弟，為何和這樣的少女親近呢？關於此事，其中還有一段插曲。

歌德在詩文方面的才情早已聞名於年輕人之間，獲得極佳的評價，但年少而血氣方剛的同伴們，想利用歌德的才情去惡作劇。也就是寄一封假冒的情書給一位青年，讓他慌張失措的計劃。他們請歌德寫那封文情並茂的信，歌德則發揮了他非常傲人的才能。他的文章被人用別的筆蹟抄寫之後交給那位男孩。那位自以為了不起的青年，深信自己正單戀著的女孩對自己也有熱烈的愛意，於是想接近她。可是，他不會寫文章，所以由大家向他建議，他就想到一定得請歌德替他寫回信。此時，少年歌德也發揮了令人驚嘆的才能。

後來，歌德被邀請去參加那夥人的晚餐聚會。那次是由正在戀愛的當事人負擔費用，他招待歌德，以對他寫了非常好的情書表示謝意，讚美他為少年詩人。而在聚餐席上，那位青年被大家大大地嘲弄了一番。而好好先生的歌德，眼見這種騙人的把戲實在後悔之至。不過，他也因此而認識了克蕾德莎恩。

當歌德看見出來招待他們一夥人的克蕾德莎恩時，立刻對她一見鍾情。他在自傳中寫道：

「她是非常罕見的，在這樣的環境之中是無法想像的那麼美麗的少女。」歌德又說：「從那一瞬間開始，無論我到任何地方，這位少女的影像都如影隨形地跟從著我。」『浮士德』第一部中女主角的名字實在太有名，而那個名字正是取自克蕾德莎恩。讓墜入情網的青年極度緊張的那夥喜愛惡作劇的人之中，發起者便是克蕾德莎恩的表兄弟，所以，歌德得到和克蕾德莎恩親近的機會，但因為他們一夥人中的一個人發生了詐欺事件，一切都攤在陽光之下，大家都知道是怎麼一回事，所以，歌德也受到嚴重的責備，被嚴禁再和他們來往。歌德的初戀也像一場夢似地消失無跡了。

歌德於一七六五年十月進入萊比錫大學就讀。那是他剛滿十六歲的大事。像這樣年輕的大學生現在已經完全看不到。歌德在十六歲的十月是到萊比錫大學就讀，但為了修習法律，他初次離開了出生地。

歌德之屋的轉變

前面已經說過，歌德出生時的房子現在已經成為德國著名的建築物之一。這棟房子雖然歷經長久的歲月及可怕的戰禍，但依然一直保持著今日的模樣，這可以說有心的先知者們不斷努力的成果。在尚未談到歌德在萊比錫大學的學生生涯之前，先回顧這棟房子的歷史，絕非毫無意義的事。

歌德出生時的房子是祖母於一七三一年買下並搬過去住，祖母去世之後便加以改建。歌德的父親於一七八二年五月以七十二歲之齡去世。父親去世後的十三年期間，母親獨自一人居住於此，終於邁入老境，她一個人住在那麼大的房子裏實在莫可奈何，也缺乏照顧，所以和兒子商量的結果，依照兒子的建議於一七九五年七月賣給別人。以今日的方式來說，他們是賣掉廣闊寬敞的房子而搬到便利的公寓去。所有的家具類都拍賣掉，父親花了長久時間蒐集的書籍及繪畫作品，也都四散各處。

歌德家的房子從此便成為雷西克家所有。但隨著歌德的文名不斷地升高，想一睹這位文豪的出生地而前來拜訪的人們，每年不間斷地從國外各地趕來，雷西克家因此而感到困惑不已，但後來就在原地擺置了來訪者的簽名簿，之後房子腐朽的情況愈來愈嚴重，一八六〇年時已到了非改建不可的地步，但要保持房子原形是一件極其困難的事情。

聽到這件事的奧特・弗克拉便暫且以自己的私蓄買下歌德出生時的房子，並廣泛地募款，努力於房子的修復工作。他不僅將原形買下，同時連歌德家以前的家具、書籍、美術也儘可能地買下，這種「拯救古蹟」的運動即在此時開始。

奧特・弗克拉獨力於一八五九年在法蘭克福創設了「德意志自由中央研究所」（**Das Freie Deutsche Hochstift**），這是一所民間的綜合文化研究所。自十七世紀中葉之後，德國的科學研究所都是由王侯所設立，相對地，這是第一次由民間所設立的機構，而且它是消弭封建制度的限制，自由地站在全德國的綜合性視野的一個機構。以當時而言，可以說是完全嶄新的卓見。由於他的關係，歌德出生時的房子便成為研究所的財產，像今日這樣公諸於世，公開展出。

一九二五年十月，奧特・霍亞教授繼承了德意志自由中央研究所，成為第三任的所長。一九六〇年病倒之前，他一直擔任此一職位。他不僅為了恢復歌德出生時的房子今日的模樣，而盡一切努力去克服困難，同時，他儼然一位先知型的天才，預感到第二次世界大戰的危險性，在開戰之前，他就將所有的家具疏散到別處，為了準備萬一將來要再建立，預先讓人精密地記錄下建築物的各種尺寸。一九四四年三月二十二日深夜——碰巧那一天正是歌德的忌日——由於猛烈的空襲，法蘭克福的舊市街及歌德出生時房子所成立的紀念館，全都被毀於一旦，什麼都沒有留下來。

今日全世界的人們都能在原地看到歌德出生時的房子，那完全是拜德意志自由中央研究所之賜。戰後在一切苦難的條件之下，法蘭克福市議會決定將「歌德之屋」的重建列為復興事業的第一件工作。

萊比錫大學時代

萊比錫大學是名門學府之一。對子女的教育非常嚴格的父親，特別地為兒子選上這所大學。和這個世界格格不入，一向過著隱居生活的父親，希望兒子將來能出人頭地有一番大成就，所以，希望兒子能實現自己所無法達成的夢想。他強迫歌德修習法律以便成為一位律師，將來讓歌德在故鄉法蘭克福謀得要職，便是這位望子成龍的父親的意圖。

萊比錫大學位於距離法蘭克福東北約三百公里之處。無論如何趕路，馬車最快也要四天三夜的行程才能到達。當時德國的道路狀況非常糟糕。歌德出發時碰上一段很長期間的雨季，所以一切狀況更加惡劣。坐在馬車上一路搖搖晃晃的旅程，絲毫都不快樂。而且在黃昏時，歌德的馬車陷入泥濘裏而動彈不得，但那地方是遠離人煙偏僻之處，所以沒有任何人來協助。穿著一件單衣而瘦弱的歌德，這個初出茅廬的大學生，為了使馬車啟動而很努力地推它，結果胸部的肌肉受了傷。此時所留下的後遺症，永遠讓歌德深受其苦。

萊比錫在當時被稱為「小巴黎」，是聞名於世的美麗都市。它是商業的中心地，當時以書籍出版地而有名。市民生活十分富裕，市內並列著許多宏偉壯觀的住宅，郊外也有許多別墅。從世界各國遠道而來遊玩的貴族富豪為數不少，各國更有絡繹不絕的子弟來此大學遊學。

歌德在一棟掛著手榴彈招牌稱為「火球」的房子租房間住宿，這棟房子有一個極有個性的名稱，但是，這棟房子是城市中非常富麗堂皇的建築物，有歌德祖父母所經營過的旅館那麼大，可見其宏偉壯觀。

他租了兩間連在一起的房間，給人印象良好的感覺。當時的貧窮書生很多，他這樣做是一種非常奢侈的行為。因為許多學生都是住在俗稱「悲慘之窩」的學生宿舍裏，像他這樣的大手筆，同學們稱他為「大財主」就不難理解了。

離開令人有窒息感的故鄉而呼吸新鮮空氣的歌德，完全有了新的感覺。因為他心中充滿了茫然及新的希望。可是在上課最初的九個月之中他開始研讀其他的學科，他一直不想學習法律，正如他自己本身所告白的，他專門學習「生活」，對真實的生活極其用心。

有著豐富文學才能的歌德，對法律的學習始終無法專心一致，正如在自傳中所敘述的，這是因為當時缺乏有魅力的教授及講義的緣故。而當時歌德只是一個未成熟少年而已，所以，關於他不全然是好的風評，也有不少尖酸刻薄的批評。

歌德穿到萊比錫大學去的西裝，是英國製的上等布料，但因為父親奉行儉約主義，所以他的西裝是請裁縫裁製的，有鄉下的土氣，卻談不上流行的感覺。已經習慣於都會氣息的少年歌德，立刻放棄了帶有泥土味的西裝，改穿流行於巴黎的洛可可式的服裝，那是看來十分華麗的最新型服裝。比他晚半年進入萊比錫大學的朋友霍爾，向故鄉的友人歌德報告如下：

「人怎能如此迅速地改變，我實在很難瞭解他現在所有的行為舉止，為何和以前有著天壤之別……，如果你親眼目睹到他，不是生氣就是不由得笑了出來，那個傢伙，不僅是驕傲的孔雀而且愛漂亮。沒錯，他總是穿著很好的服裝，不過那是很無聊的傢伙，整個學校無人不知他的大名及事蹟。」

我們雖然不能說他所說的話中含有嫉妒及反感的成分在，但是，這些話倒是很能刻劃歌德的一面。

萊比錫時代從一七六五年十月至六八年八月為止，為期三年，在這段不算短的期間內，歌德最後所能學習的便是人的成長，並沒有他所夢想的學術方面的、詩人方面的成就。雖然那是有如得意、快活、悔恨及孤獨一再重複一般的生活，但若是從長久的生涯看來，他當時浸淫於人類無限發展的預感，或許是具有十足意義的。

因為他是市長的外孫，所以在鄉里間被視為天才兒童，受到大人們的寵愛，但在大都會萊比錫中，他只不過是一個根本無人理會的人罷了，這一點讓他深感痛苦，也成為他人生路程中一個極其珍貴的出發點。

與柯德荷艾恩的戀情及失意的回鄉之旅

在萊比錫時代，歌德愛上了柯德荷艾恩。這位女性是他常去吃午餐的餐館的女侍。她比他大上二、三歲。歌德在自傳裏談到有關她的事：

「對這位少女我所能說的是，她是一位年輕、美麗、充滿活力、人見人愛，給人感覺很好的姑娘……」

和她的戀情讓歌德第一次體驗到真正的戀愛。他以前對克蕾德莎恩的感情，可以說是少年對於異性淡淡的感情變得濃烈所致。但他和柯德荷艾恩的交往，讓他第一次嚐到戀愛的歡喜及苦澀。

濃烈的情形，嫉妒的苦惱，自嘲的空虛，都在短短的期間內體驗了，戀愛最後以不幸收場，沒有完美的結局。歌德的嫉妒使他痛苦萬分，結果使她遠離了他。歌德後來坦誠地回憶道：

「為了毫無根據的嫉妒，無聊的猜疑，我毀了自己和她最幸福的那段日子。她起先暫且以令人驚異的忍耐力忍受著這種情形，但我慘酷地、極力地逼迫她至無法再忍耐的程度。」

三年的學生生活絕不是一無所獲的。雖說如此，結果他還是辜負了父親的期待。因為他沒有完成學業，以生病的理由回到故鄉。

關於他在萊比錫時代的疾病，並沒有可靠的病歷記錄，但從歇斯底里症到梅毒各種各樣的臆測都有。歌德自己寫道：「我有一天晚上因為劇烈的吐血而昏過去……有數天的時間我在生死的邊緣徘徊。之後身體儘管恢復了，但吐血時頸部左側產生的腫疱也因而破裂。」再加上他剛剛經歷失戀的痛苦。滿懷期待及希望離開家中的他，就像個打了敗仗的人似地，模樣十分邋遢。

期待他獲得學生這個傲人頭銜而衣錦還鄉的父親，自然失望至極。嚴格的父親以不快的心情看著兒子這種模樣，而父親的眼光正是歌德痛苦的來源。開朗的母親也夾在這對父子之間，處境非常艱難。回到故鄉之後，他再度到外地遊學，在此的一年半期間，對這位詩人來說，可以說是沉潛的時期。

他朝向外界的眼光，是仍在故鄉時最大的特徵。他的這種傾向，因為認識了母親的女性朋友芙恩・古蕾蒂貝爾克而更加深了。她是屬於赫爾弗德派且信仰十分虔誠的一位婦人。反抗以墮落為形式的既成宗教，想要將恢復為有生命的靈魂的救贖，便是此一教派的主張。十九歲且疾病纏身的青年，從母親這位四十六歲的女友身上得到極大的影響。歌德的代表性小說『少年維特的煩惱』的第六章〈美麗靈魂的告白〉，即是由她的信函及談話所構成的。

此時，偶然到手的阿爾諾特著作『教會及異端的歷史』，給予歌德極其深刻的感觸。對於過去聽別人告訴他的冒瀆者中有很多異端者一事，他有了較正確的觀念。他很熱衷地研究了各種學說之後，開始確信：每個人最後都有自己本身的宗教才是最自然的。歌德終其一生都未放棄此一想法。

古蕾蒂貝爾克

他對自然科學感到興趣，而在自己家中努力地進行實驗，也是在此一時期。歌德終生都對物理、化學、動植物學、礦物學抱有極大興趣，這一點表示了他想從科學方面去瞭解自然的另一面。而此一時期，已經萌生了這樣的念頭。他的基本人格，便是在疾病靜養時代培養出來的。

修德萊斯堡大學時代

恢復健康之後，歌德選擇修德萊斯堡大學為新的遊學之地。他遵從父親的意思做此選擇。他的父親醉心於法國文化，所以，他想讓自己的兒子去當時領先於其他大學的修德萊斯堡大學。讓兒子培養法國式的教養，然後栽培他成為鄉里的領導性人物，便是父親的宗旨。

離開法蘭克福的第三天，亦即一七七〇年四月二日，歌德抵達修德萊斯堡。他在這裏一共待了一年四個月，結束了大學的學業。雖然那是一段短暫的期間，但他埋首於學業，遇到志趣相投的朋友，又談起戀愛，作為一個人有了多采多姿的體驗，而顯著地擴大了詩人的視野。而且，此一時期他所寫的抒情詩有了劃時代的意義。對他及德國文學來說，修德萊斯堡大學時代成為一座難以抹滅的紀念碑。

他在一個名為「精靈屋」的旅館下馬車，便立刻到大伽藍去參觀一整排房子特別高聳的市區，並登上教堂的頂端，從高處眺望著即將有機會居住的城市，對其樣貌及周圍的自然百看不厭。

他在自傳裏寫下當時的感想：「究竟誰會了解我對命運給予我的祝福，賜予如此美好的居住地，是多麼感激。」看著眼前浮現、展開的阿爾薩斯的自然景色，他感覺到對於未來能先預知的心動搖了。

他在修德萊斯堡穩定下來之後，第一件感觸良多的事，是一七七〇年五月瑪麗・安特溫娜為了嫁給路易十六世紀，從維也納到巴黎的路上經過修德萊斯堡。這件事和法國革命聯結在一起，在他的腦海裏烙下痕跡，永遠也消不去。後來歌德寫道：「我現在仍能很清楚地記得，這位年輕的貴婦美麗、高貴、誠摯、莊嚴的容姿。」和她的悲慘結局相比，這件事真正成為一件對照性的歷史事實。

歌德在修德萊斯堡的體驗，可大致分為三個部分。亦即和朋友們的交往，和赫魯達的相遇，和芙莉蒂里克的戀愛。這三種體驗，成為此一時期詩人有突破性發展的基礎。

雖然說是友人關係，但他並不是從某個特定的朋友獲得特殊的影響。他反而

歌德會見當時的赫魯達

從平日天天一起吃飯的同學們，學習到作為一個青年的事情。他沒有固定於一種傾向，而能廣泛地學習各種知識，這是由於其特有的人格所致。他的學友最初只有十位，但到了最後增加為二十位。開始時他也和虔誠的教徒們接近，但到了後來他再也無法忍受他們見解的狹隘，於是逐漸遠離了他們。

赫魯達的影響

他能成為詩人而有很大的突破，那是因為赫魯達的緣故。赫魯達雖比歌德年長五歲，而且他在當時已經是文壇雄霸一方的盟主。由於三十年戰爭而荒廢的德國文化，經過百年的歲月，好不容易才開始出現復興的跡象。過去一心一意模倣法國文學的德國文學，由於許多天才的出現而開始萌芽，發展出固有的文學。赫魯達即是出現於此一時期偉大的指導性思想家。

歌德在這個地方開始認識赫魯達，而日夜往來的結果受到極其重大的影響。

赫魯達是德國文學史上疾風怒濤時代的先驅者。他強調應將文學從模倣及法則束縛解放出來，帶入自由感情的世界。

他告訴人們，應該善加掌握文藝上的各種現象，將它們置於國土、氣候、神話、思想、生活方法等廣大的範圍裏觀察。他和當時支配文壇的歐比索的文學觀形成正面對立的情形，時時針鋒相對互不相讓。創作的極致是神所創的自然，隨著個性而赤裸裸地解放感情，才是真正的文學。他這樣的言論，給予青年歌德極為深刻的感觸。

將聖經視為文學作品的赫魯達，給予它極高的評價。歌德自幼便非常喜愛閱讀聖經，不過他從赫魯達那兒學習到很多新的看法。將荷馬及莎士比亞的真正價值傳給人們，喚起人們注意英國的現代文學，也是由他開始。

赫魯達是創造「民謠」這個名詞的人，他主張對於民眾之中純樸自然的樣貌應該給予很高的評價。歌德從赫魯達那兒學習到文藝世界的廣闊及深度，同時也學習到擺脫當時文壇的歪風的方法，也就是遠離只重視形式的阿那克里奧派的洛可可式風潮。

芙莉蒂里克和新的詩作

歌德由於赫魯達而在學問上大開眼界，此一時期他所寫的抒情詩，扮演著告示德國詩史的黎明來臨的角色，具有劃時代的意義。而這些都是和芙莉蒂里克相戀所賜與的。

她是距離修德萊斯堡東北約三十公里，一個名叫塞賽哈姆的地方鄉村牧師的女兒。歌德受友人邀請，於一七七〇年十月一起去拜訪遠房親戚時認識了她。在交通工具不發達的當時，騎馬到近郊去拜訪親戚及朋友，對學生們來說，就好像現代的開車兜風一樣，相當有趣。

芙莉蒂里克穿著幾乎看不見時代氣息的傳統服裝，別具特色。介於一般女孩及都會女孩之間，那種樸素之美強烈地打動了歌德的心。

「比起可愛又茂密的金髮，她的脖子顯然太細了。她有藍色的眼睛，明亮地環視著四周。而且，她乖巧的模樣，展現自然的儀態，而圓圓的鼻子更是惹人憐愛，彷彿這個世界上沒有讓她憂愁的事似地，她悠閒地嗅著空氣。」詩人如此寫下和她初次見面的印象。

芙莉蒂里克和歌德所繪的芙莉蒂里克的住所

兩人的關係到了翌年一七七一年的春天達到頂點。歌德產生很好的詩作也是在此一時期。雖說如此，兩人的戀情最後仍以悲劇收場。無論原因為何，總之不對的是歌德。他無法面對面向她訣別，也未作下任何承諾。八月畢業回到故鄉之後，他才以書信告訴她。在自傳裏他回憶當時的情形如下：

「我以信件向芙莉蒂里克訣別，而想到她面對我的絕情的回信，我的心簡直柔腸寸斷……最無法忍受的是，我無法原諒命運對於自己本身造成的不幸，將責任推給別人。當初芙莉蒂里克被人橫刀奪愛，而阿娜蒂（亦即柯德荷艾恩）拋棄了我，這是第一次我感到痛苦，知道責任在於自己。」

根據推測，歌德寫給芙莉蒂里克的信件至少有三十封以上，不過至今仍留存的只有一封信而已。其他全都毀於芙莉蒂里克的妹妹手中。隨著那些歌德獻給她的若干詩中，他劃下了德國抒情詩史上的新紀元，打破了形式領先於一切的阿那克里奧派的詩風，他美麗而溫馨的字句，吐露了內心的真情，兩人的交往達到最高潮是在一七七一年五、六月時，當時所寫的『五月之歌』，成為最佳的紀念品而流傳著。

令人眼睛為之一亮的
那麼自然的光輝
太陽的閃亮一般
在原野微笑著
…………
啊，女孩
我愛妳

妳發亮的眼眸
我愛妳
…………
…………
永遠地保有幸福吧
和愛情一樣幸福

這首詩令人很自然地想起日本島崎藤村先生的『若菜集』中的韻律。『若菜集』的情詩不像歌德那樣顯現出強烈的個性，這一點雖然令人覺得有不足之處。但就擺脫被形式所束縛的舊弊而言，他們兩人可以說完全一致，他們的作品都蕩漾著一股新的生命力。

就此意義來說，在『島崎藤村詩集』序文的開頭，詩人說道：「詩歌的時代終於來臨了。」這句話可以說是對塞賽哈姆時期的歌德的詩也適用。

作為一個作家、大臣

律師歌德

一七七一年八月中旬，歌德完成學業回到故鄉。他的父親很高興自己的兒子終於有希望擁有像樣的經歷。但是，一直無法取得市政府的公職，於是歌德立刻申請加入律師業。

他開了一間法律事務所，雇有一位書記，朋友及認識的人為了鼓勵這位年輕的律師，便給他二、三件工作。但不久之後，歌德便對律師這個行業完全失去興趣，不想再繼續工作。雖然不過是一個有名無實的律師，但據說他所處理過的案件數高達二十八件。很關心兒子前途的父親，翌年五月託人由特殊管道將歌德弄進德意志帝國最高法院。他父親的意思是想讓兒子重新培養法律素養。

歌德在故鄉穩定下來的時間還不到一年，雖然他表面上是一位律師，但此時他已自然而然走上作家之路。他認識了一位名叫麥魯可的朋友，經由這位朋友的引薦，他成為『法蘭克福學報』的作者。就這樣，他作為一個作家的經歷始自於撰稿人。以詩人來說，他當時是一位天才，但世間的人並不認識他。

此時，歌德經常流浪，他甚至由朋友那兒得到一個「流浪者」的綽號。他被天才性的發酵力所激發，不怕風雨而遊各處。他在自傳裏寫下當時的心境：

「現在的我，比以前更朝向開啟的世界及自由的自然。我邊走邊在口中吟唱著奇妙的讚歌及狂熱的頌歌，其中只有『流浪者的暴風雨之歌』直到現在仍留存著。當時，我將那些一半沒有意義的詩句，毫無緣由、激烈地吟唱出來。因為途中遇到暴風雨，所以必須衝過它而前進。」

葛妮薇絲，只要妳不放棄
哪怕刮風或是暴風雨
也不會在心上興風作浪
葛妮薇絲，如果妳不放棄
無論下雨
抑或下冰雹

也將如雲雀一般
繼續唱歌
妳啊，天上的葛妮薇絲

葛妮薇絲是心中的精靈，也是在天之靈。這是「流浪者的暴風雨之歌」最初的章句。歌德將這首詩稱為「有一半是無意義的東西」，但這首詩最能清楚地表現疾風怒濤時期的歌德樣貌，從這一點來說，它可以說最歌德式的詩。

處女作『凱茲』及維茲拉爾之行

在這一年的十一月到十二月一共六週的期間內，歌德完成了可謂其處女作的初稿，也就是戲劇『凱茲』。名為凱茲的騎士，是約和赫魯達同一時代的人。他成人之後，德國的國情尚未穩定，處於群雄割據的狀態，有幾個豪族之間彼此互相私鬪。身為下級貴族，每次引起紛爭時，凱茲都會率領手下士兵參加其中一個陣營。

凱茲是一個很正直的人，性格屬於直腸子型，所以，玩弄手段的諸侯及騎士們都不喜歡他，不斷說他的壞話，對他憎惡至極。

歌德在研究法律方面的古籍時，偶然看到了凱茲的自傳。他對於凱茲的興趣最後成為作品的一部分，完全是由於妹妹克勞莉亞的熱心督促所致。在他的作品之中，為了要使主角克羅斯亞伯凸顯出來，配上了虛構的人物，而所發生的事件也天馬行空地描述，完全由自由的筆調所構成。為了挽回騎士的氣質，凱茲本身也走上招致自我毀滅之路，迎向悲壯的命運。這部作品在三年半後被改作而於一七七三年六月出版，並獲得極佳好評。

歌德本身當時正在累積努力，準備作為一個作家，但由他的父親看來，一定認為他是無法專心於從事法律的工作，實在是很令人傷腦筋的兒子。為了要讓兒子學習法律，一七七二年五月下旬，父親又將他送到威茲拉爾的最高法院去。對他來說，只要能脫離無聊的法蘭克福，任何機會他都會非常樂於接受。

到了威茲拉爾，他立刻在候補者的名簿上登記。不過，這是他在最高法院活動的唯一記錄。

威茲拉爾是位於法蘭克福北方五十公里的小城。與其說它是城市，還不如說是鄉村。在路上各處可以看見牛及馬所排出的糞便。那裏的居民雖然名義上是市民，但實際上都是小農民。當時的最高法院非常紊亂，高達一萬件的訴訟案件都被擱置未辦。

實質上，那個地方並非符合父親的目的。歌德也根本沒有想過要在那兒重新學習法律。在沒有嚴格而頑固的父親的監視之下，他想在那個地方好好地閱讀荷馬等人的作品，這種心情最先在他心中萌生。

那個城市本身是一個無聊而不值得一看的地方，但郊外的風景非常優美，對歌德來說，那片大自然成為極大的安慰。

不久之後，他認識了由德意志諸邦派遣到那個地方的有為青年們，其中和伊爾沙雷墨及葛斯特那最有緣，關係十分親切。

和洛蒂的戀情

六月九日晚上，威茲拉爾郊外的村莊正在舉行舞會。歌德也有朋友來找他一起去，在那裏他邂逅了名叫洛蒂的女孩。歌德第一眼看見她就喜歡上她。「具有理性、知性，卻純樸而莊重，令人感到非常親切。」在內心充滿極大無法滿足的空虛的歌德，其面前出現的，就是這位洛蒂。他彷彿一個飢渴者似地，很積極地追求洛蒂。他幾乎每天都拜訪洛蒂家。過了不久，他知道洛蒂和葛斯特那已訂下婚姻的盟約，但對她的思慕之情卻一天比一天熱烈。

洛蒂的父親是位郡長。前一年妻子才亡故，有十個以上子女。洛蒂是第二個女兒，她必須掌管家務，並一手包辦照顧弟妹的工作。她具有家庭賢妻型的氣質，對歌德來說甚有魅力。而孩子們也和喜愛小孩的她很親近，大家都很愛她。

歌德的激情是無止盡的。「太陽月亮星星都靜靜地運行吧。我連日和夜都分不清楚。全世界從我的四周消失掉，這樣的日子一直持續下去。」

他嘆息地說：「每個早上從沉悶的夢境中醒來時，我為了追求她而徒勞地伸出手，永遠捕捉不到她。」「夢見自己心愛的妹妹，醒來尋找但不見人影，因而失望不已。」像這樣古老詩人式的戀愛嘆息，歌德也在每天早上和他們一樣悲嘆一番。

這段戀情最後沒有完美的結局，大部分的原因應歸咎於葛斯特那寬大的紳士風度。洛蒂不可能完全對這位天才型的詩人不動心，不被他的熱情所吸引，但她相信自己的未婚夫，對於外誘自有一套克服的方法。可是，像這樣曖昧的關係不可能平穩地維持下去。

不久之後，歌德終於下定決心，覺得自己非離開威茲拉爾不可。九月十一日他沒有告訴任何人便離去。在途中，他到可布里拜訪閨秀作家弗恩・羅秀夫人，十九日抵達拉克佛爾德。

回到故鄉，歌德並未忘掉洛蒂，他寫下當時的心境：「我在沒有水的荒野中流浪。」

有位年輕的詩人將失戀的落寞感吟咏如下：「越過千山萬水，才能達到沒有寂寞感的國家，今天也外出旅行。」失去情人而難以捱過的心情，可以說是這兩位詩人的共通之處。

隨著洛蒂婚期日益逼近，歌德的懊惱也變得愈來愈激烈。自殺的念頭在他的腦海一閃而過。他甚至在自傳裏說道：「我經常都將短劍放在床邊，在熄燈之前，我嘗試著將銳利的刀尖插入二、三公吋深。」但歌德本身之所以能克服此一危機，完全是因為他心中充滿了旺盛的生命力的緣故。

歌德離開威茲拉爾約五十天之後，在那兒才認識的朋友伊爾沙雷墨自殺了。原因是和有夫之婦的戀情破滅，受不了失戀的痛苦。對歌德來說，這並不是一件不干自己的事，他無法無動於衷，冷漠以對。

聽到這個消息時，他的腦海裏閃過了『少年維特的煩惱』的構想。他在自傳裏如此寫道：「我突然接到伊爾沙雷墨死亡的消息，而聽到一般的風聲之後，我立刻能知道更正確、更詳細的事件說明，在那一瞬間，『少年維特的煩惱』的構想於焉產生。」

可是，這件事從構想到完成作品之間，必須經過一年半的歲月。

『凱茲』的出版

一七七二年九月回到法蘭克福之後，到一七七五年十一月再前往威瑪的三年多時間內，歌德都居住在故鄉。失戀的苦惱，也在他將之化作一篇篇作品的過程中，能逐漸被克服。這件事成為一大契機，他的精神活動更加旺盛了，並發揮獨創性的天才。他認識了新的朋友，和年輕的天才型人物交往，又有了新的戀情，但也一再逃亡。

那是在歌德的生涯中最忙碌的時期，但也是最豐富的創造期。在這三年內，發生了對歌德甚具意義的三件事，現在就依照時間的順序來敘述。

第一件是『凱茲』的改作被出版了。前面已經提過關於這本書的初稿，他為這份初稿稍作潤飾，一七七三年七月以處女作的姿態付梓。但當時並沒有任何出版社願意出版沒沒無聞的歌德作品。因此，由於馬爾克的建議他決定自費出版。印刷費請前輩馬爾克負擔，紙張費則由歌德自行負責。運送、包裝、結帳、宣傳完全都由他們兩人一手包辦。他們僅僅請求朋友讓書寄放店中銷售，但單單如此也非常不易。『凱茲』出版之後，使歌德一夕成名，並登上德國文壇，可以說一炮而紅。但他手邊留下的只是一堆債務而已。

對『少年維特的煩惱』的迴響

歌德的名字由於戲劇『凱茲』而全國皆知，不過，他由於『少年維特的煩惱』一書立刻成為舉世皆知的知名人士。描寫和洛蒂的戀情及失戀為主要題材的小說，便是著名的『少年維特的煩惱』。這部作品是從一七七四年的二月初開始，花了四星期的時間一口氣完成，但是，歌德又說：「在寫本書之前，還是需要長期間靜靜地作各種準備。」

小說分成第一部和第二部，是全部共計二百頁的中篇小說。主要部分是以主角維特寫信給朋友威廉的形式，來貫穿情節。也就是所謂的書簡體小說。歌德之所以選擇此一形式，完全是受到盧梭的『懺悔錄』的影響所致。第一部是以描寫歌德本身在威茲拉爾的體驗為主。第二部則是描寫伊爾沙雷墨自殺的心理過程，以及摻雜了作者主觀的心理，兩者相合而展開情節。

歌德本身雖然放棄了自殺的念頭，但在小說中，他讓主角自殺。自殺的場面及其前後的情況，是依照伊爾沙雷墨自殺時的實際情況而描繪的。而借用畢斯特的信函，則是直接借用伊爾沙雷墨的信函。

這本小說刊行於一七七四年九月底。『少年維特的煩惱』一書一問市便立刻引起極大轟動，那是因為這部作品很傑出，但是，這個素材本身引起大家對愛情小說的興趣也是不爭的事實。

『少年維特的煩惱』不僅在法國、英國、義大利，也就是當時世界主要各國獲得好評，也受到全歐的矚目。當時是感傷主義風靡全歐的時期，所以，他的作品在一切意義來說，完全抓住了時代的特色。那是個全世界都出現『少年維特的煩惱』的時代。

維特的服裝，是藍色的燕尾服、黃色的背心及黃色的長褲。他就是以這樣的服裝自殺。這本小說所影射的正是穿著這樣服裝的伊爾沙雷墨，也就是實際上以伊爾沙雷墨為模特兒。現在想起來，當時除了「廣告人」或小丑之外，並沒有人會穿這樣的服裝。

當時正流行義大利式瀟灑的服裝，看起來很浪漫，深受知識分子們所喜歡。當『少年維特的煩惱』一問市時，青年之間便開始流行穿著藍色上衣、黃色背心及長褲，並流行使用維特式的說話方式。

另外，模倣維特而走上自殺之路的青年也不少，在那些自殺者身旁，每每必定出現『少年維特的煩惱』。

這實在過於誇張、離譜的「迴響」。許多年輕人都對『少年維特的煩惱』感動萬分，將歌德視為神而加以崇拜。

女孩們都希望自己是洛蒂，而年輕的妻子開始對自己的丈夫感到厭倦，期待像維特那樣的情人出現。離婚的案件也日益增加。大家開始很熱衷於尋找成為這本小說模特兒的人。當他們一發現這樣的人之後，便不顧一切地闖入那人的生活中。那種熱情，連現在的周刊雜誌的採訪記者也望塵莫及。

不幸走上自殺之路而成為這本小說藍本的伊爾沙雷墨，其墓園也立刻成為大家的朝聖之地。不過，那種患了流行病似的「維特熱」，也受到年長者的反感，紛紛提出批評，這一點可以說是極其自然的演變。從事於聖職的那一幫人，對這件事採取了嚴厲的批判，這也不在話下。

當時文壇的巨星雷西恩可也是其中之一，這一點非常有趣。他對於高貴的青年因失戀而自殺一事本身，無法表示贊同，而且批評了產生如此感傷的人格型態的基督教文化。他主張在羅馬及希臘的世界裏，從未存在著如此的青年形象。

無論是否贊成，『少年維特的煩惱』的確已成為全世界所談論話題的焦點。而且時間不僅一年、二年而已，有數十年之久，德國國內當然不用說，連法國、英國、義大利、斯堪地那維亞各國也是一樣。不單單如此，『少年維特的煩惱』出版後的第五年，也就是一七七九年左右時，傳說描繪了維特及洛蒂的玻璃彩繪從遙遠的中國傳到了德國。

歌德本身在一七九〇年初春時所寫的『艾皮克萊曼』（短的諷刺詩），也吟咏了此事。拿破崙也是『少年維特的煩惱』的擁護者，他非常喜愛閱讀『少年維特的煩惱』是眾所周知之事。他閱讀這本小說達七次之多，而遠征埃及時，都將這本書放在行李裏，這是他後來自己提及的。

『少年維特的煩惱』的魅力

距『少年維特的煩惱』初次刊行已經過二百年以上的現在，這本小說仍然廣泛地受到全世界的讀者的喜愛，一直有很多人在閱讀。光台灣就有數種譯本刊行，每種譯本都擁有眾多的讀者。

德國某位學者曾說，世人讀得最多的是聖經，而除此之外居次的便是『少年維特的煩惱』。不過，有很多人讀過它和讀者是否能充分理解原作，當然是截然不同的兩回事，不可混為一談。自古以來，對大多數的讀者而言，『少年維特的煩惱』充其量只是一部市民的戀愛悲劇。而對今日的眾多讀者而言，也許也可以這麼說。儘管如此，已經持續了二百年以上的『少年維特的煩惱』，其魅力僅僅如此便能加以說明嗎？

談到戀愛小說，在世界上任何一個國家都有數不盡的作品。因此，作為戀愛小說而能永久地存留下去，必須具有特殊的魅力。『少年維特的煩惱』的魅力究竟何在呢？它的故事情節並非特別有趣，也沒有描寫人的緊張場面。那麼，究竟為何『少年維特的煩惱』不被人厭倦，長久以來都有人閱讀呢？

一言以蔽之，那是因為這本小說是靈魂純真的告白。即使由許多讀者看來，『少年維特的煩惱』只不過是一本失戀悲劇小說而已，讀者看了這本小說之後，會有一種紓解感，因為，對於可以說是戀愛的原始體驗的純真告白，他們產生了作為一個人應有的共鳴。有心的人讀了『少年維特的煩惱』書中的對白，將會想起很多的情詩那種純樸的感覺吧。『少年維特的煩惱』之所以永遠不朽的原因，即在於此。

『少年維特的煩惱』出版當時，德國的地位並不高。因此，德語、德國文學在歐洲幾乎沒有人知道，而法語則被視為第二母語，通行於各國。普魯士的腓特烈大帝的宮廷中，日常的通用語並非德語，竟然是法語。十七世紀中，詩作也是以法語寫成居多，在知識階級人士之間，流行使用拉丁語。法語及拉丁語被有教養的人廣泛地使用，所以，以德文寫成的東西，不會受到太多人的青睞。德國人本身也瞧不起德國語文。

有鑑於德國是如此的情形，於是，在伏爾泰等人所編纂著名的百科全書「語文」那一章中，雖詳細說明了各國文學上的特色，但關於德國語文卻隻字未提，全無記述。到了十八世紀之後，人才輩出，對於德國文學及德語的發揚光大具有極大的貢獻，歐洲其他各國對於這樣的趨勢也束手無策，只能任其發展。

直到歌德的『少年維特的煩惱』的出現，全歐洲的人都注意到它，造成一股風潮，並立刻翻譯成各國文字。就這樣，德國文學及德語才初次廣泛地引起全世界的矚目。「筆比劍更厲害」這句諺語果然不錯。拿破崙以武力征服了歐洲，但不久之後，他又從歷史的舞台消逝無蹤。然而，歌德一本小小的小說現在卻在全世界廣受歡迎。

和莉莉的婚約

由於『凱茲』及『少年維特的煩惱』，歌德已成為頗負盛名的作家。世間的人們的眼光很注意他的一舉一動，對他極感興趣。名義上為樞密顧問官的父親，當時並未和法蘭克福的富豪階級交往。

世襲貴族們並未忘記，歌德的祖父只是一個裁縫師而已，並曾靠做葡萄酒交易的生意賺錢。但是，他們也認為做兒子的歌德顯然和父親大不相同，舉止十分輕鬆瀟灑。有位朋友邀他去拜訪賽瑞瑪的家，他欣然同往，這個家庭的主人是一流的銀行家，也是法蘭克福首屈一指的大富豪。當時由貴族出身的未亡人在掌理一家大小事物。

這家有位名叫莉莉的女孩，十六歲，金髮。歌德被這位美麗的少女所深深吸引，和她成為很親近的朋友。不久之後，由賽瑞瑪家的友人即女實業家蒂爾芙夫人做媒，兩人終於一七七五年四月下旬訂婚。而他們才剛在一月初認識而已。

然而，這次的婚約也毫無結果。兩家複雜的事件及詩人本身曲折的心理交纏在一起，歌德雖然非常眷戀莉莉，但最後還是無法踏上結婚的紅毯。

兩家都打從心底不贊同這次的婚禮，歌德的父親並不希望貴婦人的女兒嫁給自己的兒子。首先，以家庭背景而言歌德家就無法接受那種類型的女孩，莉莉也不是歌德的妹妹所喜歡的那一型。她懇求哥哥絕對不要和莉莉結婚，而賽瑞瑪家的兩位兄長，也完全反對妹妹和歌德的婚事。再加上兩家的宗教信仰不同，所以，並沒有雙方共同認識的朋友，這更加成為兩家溝通意見的一大阻礙。

莉莉

雖然賽瑞瑪對歌德頗有好感，但因為兒子

們的反對，她也開始動搖了，考慮這位年輕的律師究竟是否為一個有助於家庭的結婚對象。對滿腦子都想著經濟問題的她來說，作家這種人反正只是頭銜好聽而已，根本和金錢無緣，不可能擁有財富。

兩家之間一些無形的問題，也由於蒂爾芙夫人強力的說服，暫且消失了。他們能履行婚約，就是因為這個緣故。但訂婚後不久，歌德外出旅行。他是從德國各地到瑞士去，前後四十餘日的旅行。他亟於走出無聊而令人有約束感的婚約，並逃避莉莉的束縛。

下面的詩句便表現了這位青年作家複雜的心境：

以無法斷絕的
魔法之細繩
無視一切束縛我的
就是那位我所愛的任性的少女
將魔法之環捕捉住
必須依循這位少女的心去生活

這是何其大的變化
戀愛啊，戀愛啊，請解放我

賽瑞瑪家的生活是豪華而奢侈的，招待客人時，他們也辦了大規模的賭場，或是舉行音樂會及舞會。在那兒進出的人士，以和他們生意來往的商人為主。對歌德來說，被牽扯進那種社交性氣氛極濃的場合，是無法忍受的一件事，那種場面和他心中所描繪的世界實在相距太遠了。而解決方法應是脫離那個地方到各處去旅行，外出旅行讓他深深感到自己對莉莉的愛戀。

我所愛的莉莉　若是我不愛的話
這片景色將會給我多大的歡喜啊
可是，莉莉，如果我不愛妳的話
在這裏，在那裏，任何地方都將不會有我的幸福

歌德從蘇黎世到了里塔維安爾，並由朋友帶路去登城市背後的山。他將蘇黎

世湖的風景完全刻劃在心中。「當時我有什麼樣的心情？下面的一首短詩便很清楚地表現出來。」歌德在自傳中這樣說。上面的詩就是他當時所寫。

然而，最後兩人的婚約還是解除了。初秋時，這一切都劃上休止符。儘管如此，歌德不得不暗暗祈禱：「成為可愛的球吧，雙胞胎似的葡萄串。」

賽瑞瑪家後來沒多久便面臨破產的命運。偽造帳簿的長兄自殺了。莉莉在瀕臨破產之前獲得一樁良緣而結婚。法國革命時，他化妝成農村婦女，揹著么兒、牽著孩子的手脫離險境，這是大家所熟悉的一件事。她是一位良母，也是一位思慮周延的賢妻。歌德晚年時，莉莉的孫女曾到威瑪拜訪他，他回憶起種種往事，向一位名叫索里的家庭教師說道：

「我可以向全世界的人們宣告：我只愛過她一人……，她就是我衷心愛過的最初的女性，也可能是最後的女性……，我們是相親相愛的伴侶，沒有任何克服不了的障礙。但是，我無法和她結婚。」（一八三〇年三月五日）

當時歌德已經超過八十歲，而他們兩人的戀情，已是過了半世紀遙遠往事。而莉莉去世時（一八一七年），算起來也是十餘年前的事了。雖說如此，在歌德所說的這段話裏，卻充滿了彷彿才是昨日之事一般的新鮮感，以及對於對方深深的虔敬之情。

歌德的決斷

接著，歌德的世界完全轉移到威瑪去。一七七五年十一月早上，歌德抵達威瑪。雖然當初他本人也認為這只是一次暫時的旅行，但他卻就這樣定居在威瑪，從此再也沒有回到故鄉。為何他會前往威瑪呢？

當時的德意志有很多小國分立於各地，表面上是由神聖羅馬帝國的皇帝支配德意志，但那完全是名義上的支配，事實上，有多數的小國群已各自獨立。就此意義而言，稱為宮廷的建築物便有五十個之多，而皇家的代表者也多達二、三百個。因此，雖然稱為德意志，並不是指單一實體而言，而不過是那些鬆散的聯合體模糊、籠統的名稱而已。

當時的歌德

當時英國及法國已經形成了統一的近代國家，但德意志卻一直無法實現統一。從各方面來看，當時的德國是一個很落後的國家，其中最大的原因即在於此。

這群小國家都各自希望自己的國家繁榮，想要挖掘出能幹的人才是一直持續不斷的競爭。以現在的說法來說，便是一場「挖角」之戰。貧乏而狹小的領土，儘量多爭取一些新的領土，使國家變得富裕，便是領主們的緊急課題。任何一個宮廷都有其忠實的追隨著，以及想法老舊的數代家臣。但是，如果任用這些人絕無法塑造新時代。

舉例來說，像普魯士那樣的大宮廷也不例外。其宮廷中便有許多法國人、蘇格蘭人、義大利人，以及來自普魯士以外各國的德意志人。當時，很需要頭腦優秀、容貌傑出、性格開朗的人才。目前已獲得世界性名聲的法學士歌德，當時是年輕的啟蒙君主們競相爭取、最為需要的「新人王」。

威瑪十八歲的年輕君主卡爾·奧古斯都公爵，一遇到歌德，便完全被他所吸引。公爵看事的方式非常特殊，具有獨創性，又沒有矯飾之氣。他敏捷而快活，且認真、彬彬有禮。這位年輕的君主內心燃燒著熾烈的理想。他希望自己的宮廷能迎入像歌德這樣了不起的人物。他一再邀請歌德到威瑪去，歌德也允諾前往，而其契機即在於以下的事情。

雖然歌德當時已經成為德國的代表性作家之一，但他並沒有因此而獲得足以過富裕生活的收入。當時的作家，並不像現在的作家可以擁有不錯的收入。不僅如此，他甚至還必須為了籌措自費出版的資金，而向別人借款。

創作力旺盛的歌德，當時也不過是勉強寫一點不知是否能有稿酬的小說、戲劇、詩，並保留下來而已。藝術家由宮廷或貴族那兒獲得生活之資，在當時可以說是符合一般常識的想法。

然而，他的威瑪之行並非一開始就進行得很順利。因為約好來接他的馬車並未依照約定前來所致。本來就不相信和宮廷有關係的那些朋友的父親，一再說服歌德，那種約定是靠不住的，現在應該斷然動身前往義大利旅行。而歌德本身連做夢也想不到，如果當時不去威瑪的話，就無法看見自己的前途。同時，他也不認為如果不去的話會對對方說不過去。由於內心有一種興奮的感覺，他聽從了父親的建議。就這樣，本來要到北方的他，卻往南方走。

最初的逗留地是海德堡。在那裏，他住在曾為他和莉莉牽紅線的女實業家蒂爾芙夫人的家中。對附近一帶大自然的新鮮印象十分深刻，深深感覺到從倉庫般的環境脫離出來，體會到自己是何其幸福。

此時，有傳遞快信的人受命於威瑪的執事快馬追過來。到底向左好？還是向右好呢？究竟該怎麼辦？歌德無法答覆來人。蒂爾芙夫人一再向他建議應該前往威瑪。而駕車的人鳴起角笛催促他快一些。歌德於是立刻下定決心，要回到法蘭克福去，然後再前往威瑪。決定其一生命運最大的契機，就是在這樣不穩定的混亂情況下作成的。

人的命運，連最後一刻都是幽暗而不可測的。如果此時他選擇回到南方的路的話，那麼，最後會產生什麼樣的結果呢？後來他經常回想起此次的契機，描述說那完全是魔神的引導。

威瑪公國的情況

當時的威瑪，人口只有六千人，根本就沒有成為一個都市的規模，只能姑且稱為村莊。寒酸的房屋並列著，在污穢的路上有運貨的馬車通過，而到處可見豬及雞在遊走。幾乎整個城市的三分之一在二年前便已燒燬，目前仍是一個廢墟。

年輕的奧古斯都公爵夫婦及他們的母親安娜太后，也是一樣住在極其簡陋的建築物裏。但是，威瑪沒有一個像樣的大工程師，連一個建築師都沒有。威瑪根本無法重建城市，恢復原樣。

威瑪公國的面積為一千九百平方公里，確實是一個很小的國家。一年的費用估計為六千威瑪幣，而擁有這種程度年收入的地主，在英國及法國非常多。由於國家本身十分貧窮，所以連貴族也是貧窮的，官吏當然更不在話下。

貴族想要在其他的國家獲得地位，官吏都是靠薪水維持生活的兼業官吏。即使歌德是一位有所作為的人物，但是，這個貧窮小國想邀請這位在萬事都缺乏經驗的年輕人，究竟有何目的呢？還有，吸引這位內心具有非常自負感覺的青年作家，而讓他定居在那兒的魅力究竟何在？為了要將這樣的小國的背景、位置的重點說清楚，在此有必要簡單地說明一下威瑪公國的情況。

邀請歌德的奧古斯都公爵，當時剛剛就任領主之位，而且新婚不久。他的父親在十七年前逝世，之後由他的母親以攝政的名義治理國家。也就是安娜・安瑪莉亞太后。

她是布萊恩修維克公國的公主，也是有名的普魯士腓特烈大帝的姪女。

她從年幼時便一直很幸運。她的雙親很希望有一個能取代她而繼承王位的男孩，他們一直沒有隱瞞這樣的願望，但始終無法如願以償。而且她個子矮小、容貌不佳，所以雙親都忽略了她，甚至有點瞧不起她。她便在悲抑的心情下成長。結婚對象也是一個喜愛狩獵的粗野人，而且是身患肺疾、極其削瘦的青年，他在就統治之位二年之後便去世。遺留在她身邊的是二個幼小的兒子，以及受到四面八方壓迫、不安定的領地而已。

她的半生是一連串苦難的連續。但是，她作為一個人兼有女人與王侯兩種心情，人格非常平衡穩重。在其攝政的時代，國政變得十分平實堅固，而國家利益逐漸有了進展，愈來愈富庶。她雖然成長於極其講究禮儀的宮廷之中，但也具有自由豁達的想法。她很習慣於義大利及法國式的氣氛，一生都用法文寫信，但也由衷地致力於保護德國文字。聘請當時傑出的作家威萊德擔任兒子的教師，負責教育兒子的也是她。她這樣做並不是表示完全交給臣子去執行，而是親自閱讀威萊德的小說『黃金鏡』之後，對他在君主教育及憲法方面的意見產生共鳴，才決定聘請威萊德為家庭教師。

儘管她一再踏實地努力，克服了困境，但是，國家的財政仍陷於十分拮据的狀態。即使在如此的情形之下，年輕的領主仍非常熱忱地邀請歌德前來，這大概可以說是基於繼承自母親的精神而作出的表現。

奧古斯都公爵是一位進步的青年。他希望自己與其作為一位王侯，還不如作為一個「人」。在感覺上，他是盧梭或歌德的弟子，他捨棄了一切表相及禮儀，喜歡依照最自然的方式去行事待人。他騎著馬在山野四處奔跑，晚上則喜歡露營。他讀了『凱茲』及『少年維持的煩惱』之後產生共鳴，也是因為對於書中所闡揚的自由、自然、四海一家的思想深深感動之故。

但或許宮廷中並非特別需要任何詩人，也不期待歌德發揮政治上的手腕，一展長才。他所要求的是，希望因為傳統及禮儀而僵化、動彈不得、死氣沉沉的宮廷生活，能吹入一般自由的新風，展現新氣象。他雖然很年輕，但卻具有個人的想法，眼光獨到。而他就從向他毛遂自薦的無數年輕人之中選擇了歌德，以他作為一生的朋友。

掀起歌德旋風

由於奧古斯都公爵當時只不過是一個十八歲的年輕人而已，因此，他並不拘泥於極為繁複的階級劃分，完全自由奔放地行動。

對他來說，歌德是一位讓他衷心尊敬的兄長。兩人好像是參加同樂會一樣，高興得像個高中生似地，他們一起度過了單純、率直的生活，並共同享受幾近於殘暴的山野狩獵活動的樂趣，也一起去滑雪橇、溜冰、玩紙牌、跳舞、化妝、演戲、喝酒、露營、騎馬越過危險的障礙，幾乎什麼都做。

他們破壞了年輕夫妻夜晚的安眠，或是偷偷地消遣女僕們，把她們的門做成牆壁的樣子，讓人進不去，凡是想得到的惡作劇，他們都儘情地去做。

和歌德在一起時，奧古斯都公爵覺得一天只是一瞬間而已，恨不得多出二十四小時。這種人格培養出信賴及友情，不用說，他已深深地被歌德所吸引了。本來只想在威瑪作客數週或數個月的歌德，在和公爵一起享樂許多時光之後，也開始覺得如果只是如此便拂袖而去的話，實在於心不忍。而且，威瑪已有前輩作家威萊德及其他年輕的新秀作家，尤其是有許多有教養且美麗的年輕女性。和他們交往就是他決心留在威瑪的原因，這一點是不容置疑的。

在法蘭克福時，對他的作品及思想產生共鳴、深有同感的人，只不過分散於各地而已，而在威瑪，無論質或量上都有遠勝於故鄉的知音，能瞭解他的作品。對藝術家來說，這是一種極大的誘惑。他到威瑪去也許是因為偶然，但他在那兒定居下來，絕非出於偶然。

不過任何社會都有各種派系，在那個城堡裏也有互相對立的兩大派系，歌德學生時代即已養成的不講究禮儀的習慣，在此社會一時仍無法擺脫掉。但他仗著年輕領主非常欣賞他，行為舉止便愈來愈囂張。因此，有一些人內心極度憤慨，認為宮廷怎麼可以任由像歌德這樣的傢伙亂搞，如果有這樣想的宮廷大臣，一點也不奇怪。

年輕的君主過度放縱行為，說起來也都是新來的參與政事者所造成的結果。在有這樣想法的人士之中，有不少是宮廷的要人，他們的意見舉足輕重。而僧侶們也開始說出對歌德不利的話，給予惡劣的批評。那是因為這位年輕的君主及其跟班歌德從不在教會露臉。歌德雖有朋友，但也有敵人，而且敵人似乎多得多。

在宮廷中，形成保守派及進步派的對立。進步派的領導人是年輕的公爵，有若干年輕新進的官僚支持他。保守派的頭目則是總理大臣福里奇，他也擁有不少和他想法一致、做事認真的廷臣作為有力支持者。從結果來看，歌德是被視為強化進步派的一份子而受到邀請。

乍看之下相安無事的威瑪宮廷，也由於歌德的出現而突然掀起一陣旋風。無視於別人的看法而引發混亂的人，正是歌德。

有關他離譜的所做所為的風聲，逐漸傳到各地。文壇的泰斗庫羅布修特克也聽到來自威瑪的報告，並為此而激怒不已。因為他認為，應該超越一切而十分高尚的詩人的理想被玷污了。他下定決心要介入這件事。

他非常小心以不失委婉的語調寫信給歌德，信中告戒歌德，如果再這樣下去的話，公爵可能無法長壽，而公爵夫人也將無法抑制地怨恨他，信中大致就是如此內容，將自己心中所擔心的事可能成為事實的疑慮提出來。

他請人也拿這封信給公爵看。但歌德過了數個月之後仍沒有回音。不久之後，才寫了一封拒絕的回信。即使是對於他極為尊敬的文壇大前輩，他也絕不讓步。而且，那是他一生之中前所未有的一次強烈拒絕。結果，兩人的友誼便出現了決定性的決裂。

這個時候，對歌德來說威瑪這個地方已成為想要試探自己命運的舞台。而最後究竟會走向什麼樣的命運，連他自己本身也無法預知。然而，如果和縱使在自己如何希望也什麼都不能做的無謂生活相較，那倒是非常富有變化、多采多姿的領域。

總而言之，儘管遭受了十分嚴酷的責難及誤解，但他仍然不想離開威瑪，不久之後，他便完全被捲入宮廷的政治性事件，再也無法從其中避開。

有時，如果以某種意義來說，整個宮廷似乎充斥著對歌德的敵意，但所幸的是，年輕的公爵本身和宮廷處於敵對的狀態。

對他而言，宮廷是一個無聊至極的地方。而且威萊德早已認同歌德的長才，這一點對他來說是一種強而有力的支持，他經常強調，歌德是一個善良、充滿愛心而天真的人。在通信業尚未發達之前，用書信及口頭一再提及這件事的本身，就是一種極大的宣傳力量。

作為一個大臣的工作

年輕的公爵希望讓歌德永遠留在威瑪，於是下定決心要給歌德一個高位。他想任命歌德為由四位樞密顧問官所構成的最高評議會委員之一。簡單地說，那個職位是大臣之一。

可是，總理大臣弗恩・福里奇大力反對。他是一位清廉之士，也是長年以來襄助攝政時期的太后的功臣之一。而他對於顧問官的遴選也有極大的影響了。他反抗了新君主所作的人事安排。他附帶說明理由說，自己無法在樞密會議席上和歌德同席，終於提出了辭呈。

這件事成為宮廷的危機，雖然奧古斯都公爵盡了最大的誠意去慰留他，但總理大臣仍斷然拒絕。到了最後，才由安瑪莉太后介入此事，居中調停。

弗恩・福里奇一向博得太后的信任。他可以說是她長久以來隨侍左右的忠誠臣子。而他自己也深深地信賴太后。但對於歌德，他們兩人的評價有著極大的差異。當時，她只有三十六歲。在此說「只有」，那是以現代人所說的方式來說，當時這個年齡已經被認為邁入初老。然而，這位個性豁達的太后很快地就喜歡歌德。和兒子一樣，她對歌德這個人有了很深的認同感。她當時已感受到身處於偏僻鄉野的宮廷生活的無聊。而不會令人覺得無聊或真正喜愛事務的僅止於正直宮吏而已。

也有年輕的書記官寫下這樣的話：「覺得無聊透頂，幾乎快要死去。而沒這種感覺的人，十個人幾乎找不到一個人。」為了驅除這種無聊感，太后成立了一個小小的社交性聚會，年輕而充滿生氣的青年歌德，就在此時出現了。這件事可以說是他命運中一大契機。

太后說服弗恩・福里奇：「就算我的兒子做法實在太草率了，你也不應該主動地放棄我的兒子啊。儘管關於歌德有一些流言，但他絕不是一個壞人。他不是一個野心家，也不是一個阿諛奉承的人。他是一個善良的基督徒，也有深厚的道義感。否則的話，我可能會第一個反對他。」

她完全以女性的身分，向這位老臣解釋，訴諸於其忠誠心。閣僚及重要人物也懇請他留任。結果，這位總理大臣才終於留任原職。這次的風波也終告結束。歌德到了威瑪半年多之後，便公佈他的新內閣名單。歌德也成為閣員之一。就這樣，和威瑪之間的關係及和奧古斯都公爵的深厚友誼，對他來說，開始成為決定命運的重大力量。

雖然已經貴為大臣，但歌德的生活仍極為質樸。他住在公爵所賜的小屋裏，在房間的木製硬床鋪上，鋪著裏面裝了稻草的褥子，就這樣就寢。他也和小廝菲力浦・薩迪爾住在同一個房間裏。而這間小屋的屋頂有一半已經腐朽了，無論如何都非修繕不可。他除了這個住處之外，還在鎮上租了一層位在閣樓，有二、三個房間的便宜房屋，當他要到宮廷去工作時，便使用這個地方。他的私生活就和一般的書生一樣樸實無華。

對於過去的事情，大家都會稍加修飾說得美好一點。雖然很容易想像和平，儼然可以聽見牧歌在威瑪揚起，人們都過著理想中的生活。

然而，現實是殘酷的，威瑪民眾的生活仍是貧困的，而且經常發生火災。而洪水就好像每年行事曆中的大事一般，一年必定降臨一次。

儘管如此，稅金的課徵仍然十分嚴苛。因此，受到災害的村莊的陳情及對於沒收、查封的申訴及抱怨，一直持續不斷。據說，即使是宮廷的家臣也無法避免接到強制執行的警告，而納稅的人，只不過全部人民的六分之一左右而已。這就是身為政治家所遭遇到的現實情況。

當時心中仍保有學生氣息的歌德，也深深地感覺到此一職位的重大性。他成為對喜歡打獵的公爵也能提出諫言的臣子，盡自己的本分。雖然名義上他是個大臣，但並不是已經確立由他專門負責的職務，所以，到了最後身為最高權力者的私人顧問的歌德，變成凡事都必須接受、必須去做的狀況。

從財政、軍事、農業、道路、礦山的經營到道路的開闢都包括在內。不僅如此，一旦發生火災時，這位大臣也必須立刻騎上馬奔赴現場。因為當時尚無有組織的消防隊，以致整個村莊被焚毀。有時，歌德在半夜才回到家中。那是很令人兢兢業業的工作，但也因此很值得去做。

由於本書的目的並非在於討論作為政治家的歌德的工作，所以，必須快些談到以後的事情。但是，對於他為了健全財政所下的苦心，不妨將其當作一個例子來談論。政治的根幹在於經濟，因為國家貧窮，所以支出必須量入為出。歌德為了此一原則而盡力。

他從最可行的地方開始著手進行，建議應按照一般良知的作用去抑制過去流水帳式的做法，下宮廷的費用，而確立國家預算的編制。接著，他斷然進行縮小軍隊的規模。雖然稱為軍隊，但因為威瑪是一個很小的國家，所以編制上只有步兵五百三十二名、砲兵八名、騎兵三十名，規模很小。然而，歌德將步兵減為二百九十三名，砲兵則全部廢除。而騎兵可以作為驛馬車的車伕，仍有其必要，所以不能縮減。

他要求公爵嚴格遵守預算案，而以很嚴厲的言辭逼迫公爵，威脅他如果不接受預算案，他就要辭職。這樣的大改革，對於那些身為老手的能幹官吏來說，根本是一件做不到的事。他的處置，成為重新建立財政上患有慢性病症的政府的一大力量。

歌德在前往義大利旅行的十年間，真正完全投入公國的工作，而且不斷地遭遇實際上的困難。但是，鋒芒畢露的人必然招忌，他經常被舊官僚們及貴族們所憎恨。原本是一位詩人也是作家的他，為了這樣的事情失去了許多時間及勞力，這也許是非常遺憾的一點。

事實上，他的朋友馬克曾忠告他說：「沒有什麼價值的事情就讓別人去做，那種事不是你的事。」但他認為不盡然如此。為了要解決矛盾的現實而奮鬪的生活，對於形成他作為一個人的人格方面，具有很大的力量。『浮士德』之所以能有龐大的規模，也是因為這些體驗所賜。

另外，他住在一個小小的世界裏，充分親身學習了「安份」的真諦。這一點和歌德人生觀的根幹之一的「豁達」，有著十分密切的關係。

芙恩・修黛安夫人

在威瑪的時期，對歌德來說成為一大紀念碑的是他和芙恩・修黛安夫人的戀愛。他抵達威瑪之後不久，便邂逅了這位夫人，並被她所吸引，深深地著迷。

她的丈夫是掌管馬房的長官芙恩・修黛安男爵。他是一位資產頗豐的富豪，且相貌堂堂。他負責的工作是馬匹的飼養、調教、馬車用具的管理及保養。他是威瑪第一位騎馬高手，有時，他也表演馬戲，耍各種特技。

他的夫人個子矮小，雖稱不上美麗，但纖細而表情帶有神經質，擁有烏黑的秀髮和大又亮的眼眸。雖然生了七個孩子，但只有三個男孩留了下來。認識歌德時，她是三十三歲，比歌德年長了七歲。她是一個動輒生病的婦人，虛弱的身體使她看來氣色不佳，蒼白極了。但她擁有冷靜的性格，看起來並不像過去曾有熱情澎湃的戀愛體驗。她同時也是宮廷的女官，長久以來培養了最洗練的禮儀做法。她經常穿著白色的服裝，舉止非常優雅。

芙恩・修黛安夫人

野性氣息尚未完全褪除，歌德這位自然之子般的天才青年，為何會愛上這樣的女性呢？出身於中產階級生性魯莽的他，碰巧在形成其人格的過程之中遇上了芙恩・修黛安夫人。他對於自己所欠缺的部分，感到強烈的憧憬，對於她毫不矯飾的優雅中非常洗練的部分，以及高貴的美麗，心情上完全無法抑制那股熱烈的渴慕。一七七六年四月，他獻詩給她：

啊，在遙遠的以往
妳是我的妹妹或妻子

妳知道我一切本質上的特性
而諦聽最純粹的神經的聲音
而眼前看出別人很難
一眼看得清清楚楚的我

對於熱烈的血潮一點點地抑制
修正激烈且踏亂的步子
而破滅心再度在妳這天使的臂彎裏休憩吧

這首詩很難描繪出歌德對這位夫人愛戀的本質。在宮廷裏，比這位夫人更年輕、更美麗的女性實在不少。但是，能深深地觸及歌德內心世界的人，除了這位夫人之外別無他人。她的存在，和歌德自己本身人格形成上所必要的東西合而為一。這就是他們兩人戀愛的真正原因。她並非僅僅單純地被視為女性的存在而得到愛情，而是由於她本身的特殊性格而被愛。

歌德經由此次的戀愛，從她那兒學到中庸及節度。這位學生出身、奔放不羈的年輕人，在其熱血澎湃中諦視被抑制的血液。這段戀情，有類似中世紀騎士對於貴夫人的愛戀的因素。歌德寫了一千七百封信給她。事實上，歌德非常熱情地向她求愛，但是，他絕不希望做到盡頭。

儘管歌德是在『少年維特的煩惱』一書的時代遇到了夫人，但也能對於她不會產生他所看到的那麼多意義。而對前往義大利旅行之後的歌德來說，這位夫人很顯然已不具有以前那樣的重要性。這一點說明了他們的關係有著時間性，終究逃不過命運的安排。

兩人的戀情持續了十年。芙恩•修黛安夫人已經由三十三歲變成四十三歲。而當時是女性到了四十歲就有孫子的時代。而歌德也已經由二十六歲變成三十六歲。他已邁入壯年。在長達十年的戀情中，縱使她有著冷靜而堅定的性格，但也不是只能以公式化的解釋來加以解決的。

她寫給歌德的信目前連一封也未留下來，那是因為，她全部燒毀了。無論他們兩人之間有何精神上的聯繫，在這段戀情的末期，一定有著悲劇性的色彩。她的遺言中寫著，自己死後，遺體不管經過什麼樣的路徑都無妨，但就是絕對不可經過歌德家門前。

空白的十年

和芙恩・修黛安夫人戀愛的十年間，和作為一個大臣而工作的十年間，在時間上是並行的。而歌德為了這兩件事感到痛苦萬分，但當克服這些困難時，一個完全嶄新的歌德於焉誕生。

歌德原本是一位詩人、作家。就此意義來說，這十年間可以說是一段空白的期間。出版社及同時代的詩人們都放棄了他。他以前的舊作，只有二、三篇詩再版而已。一夕之間就獲得世界性名聲的作家，突然有十年的時間消聲匿跡、保持沉默，真是前所未見的例子。而且他並不是生病也不是遭遇災害，那是他自己造成的一段空白期。

對一個作家來說，一段看似空白的歲月，在其內在世界裏卻正靜靜地產生變化，而其中最為顯著的例子，是呈現於抒情詩之中。

追求寂靜的嗟嘆，充滿不安、幸福及深深的幸福感，或是戀愛的情詩，歌頌神秘大自然情景的詩句，一些在他的生涯中較優秀的詩句都在此一時期產生了。他非常佩服史賓諾莎，對於其行止傾倒不已，稱讚他是自然之中包含了神性，而這便形成了歌德人生觀的基礎。

在此一期間，一向奔放不羈的青年作家歌德，對於人類的終極問題產生莫大的興趣，並開始對神及宗教的問題寄予深深的關心。同時，在藝術方面，他也開始從感情掛帥的浪漫主義轉向重視形式的古典主義，被強烈地吸引了。

對一個人來說，十年的歲月絕不是一段短暫的期間。有朋友關心一整天都處於政治世界的歌德，在母親叫他歸鄉，回答傳達母親意思的朋友說：「他們來看我犧牲的東西，但並未看到我所得到的東西，他們無法瞭解，每天付出許多東西之後，我的日子才變得豐富。」（一七八一年八月十一日）

但在十年之後，作家的衝動又開始蠢蠢欲動，他覺得政治及戀愛都是一種令人厭煩、帶著窒息感的東西，眼前他所剩下的一條路，是逃避現實世界，逃亡到孤獨的世界之中去。就這樣，有一天他突然決定獨自去義大利旅行。

第三章　在孤獨的世界之中

義大利之旅及法國大革命

到遙遠的義大利去

一七八六年九月三日的凌晨三點，歌德離開卡爾斯堡，他所乘坐的快速馬車一路向南方急行。他向公爵請求准予無限期的休假，關於他的旅行計劃，他連情人芙恩・修黛安夫人也未予告知。知道他旅行處住址的人，只有過去十年來和他住在一起的僕人菲力浦・薩迪爾而已。

歌德在小說『威亨・梅斯特的修業生涯』中，讓米諾吟詠她對故鄉義大利的印象。

你知道嗎？檸檬開花的國家
閃亮於陰暗的葉蔭下有金黃色的橘子
微風從藍空吹來

天人菊沉靜著，而月桂樹高聳著
你知道它嗎？
現在就到那裏去吧
現在就一起去吧，啊我所愛的國家！

這首詩是歌德於三十三歲時所寫下的。那時正是他為了國事而四處奔走的期間。米諾的詩至今仍被廣泛地吟誦，廣受歡迎，而其中最重要的理由，便是因為這首詩吟出了德國人自古以來對於南方的嚮往。

對於一直在寒冷而陰暗的灰色天空下忍受長期的冬天的德國人來說，開著檸檬花的地方，必須是一個居住起來很幸福的國家。歌德本身已經再也無法抑制對於義大利的憧憬。這時候他放棄了官職，成為自由之身，並終於越過山巔，從明朗的義大利回頭眺望德國的天空。

每當眺望時，就會覺得似乎連白天和黑夜都無法很清楚地區別，德國的天空宛如微暗的世界一般。到了威洛拿，他便換上義大利人的服裝，說義大利話，甚至模倣義大利人的舉止，想使自己不被人誤認為北歐庸俗的旅客。

他希望作為一個義大利人，並去參加義大利人的各種聚會。歌德就是這麼喜愛義大利的一切。

在維那基亞，他生平第一次看見海。海無邊無際的廣闊和波浪翻騰的律動感，給予他極為深刻的感動，使他沉迷於海的雄壯之美，他很自然地感受到，似乎整個人都變得豐富起來。第一次看見輕舟在眼前通過時，他懷念起以前父親給他看過的船舶模型。

十月二十九日，他終於抵達嚮往已久的羅馬，那天晚上，他在日記中如此寫道：

「我由衷地感激我在這裏所看到的天空，之後，第二句話必須向你說。」

那本來應該是要送給他的情人芙恩・修黛安夫人的日記。他首先向神感謝，使他得以前往義大利旅行。

在羅馬滯留四個月之後，翌年一七八七年二月末，他前往拿波里，在那裏滯留了一個月。三月末，他渡海到西西里島去，在島上旅行了一個半月。五月十四日，他回到拿波里，六月六日再回到羅馬，在那裏大約停留了一年。

一七八八年四月二十三日，他離開羅馬，開始踏上歸國之途。六月十八日晚上十點抵達威瑪。這是一次橫跨三年但不到二年的旅行。

在義大利的收穫

這次的旅行，歌德究竟獲得什麼？五月十七日在回國的途中他寫信給奧古斯都公爵：

「在這一年半的孤獨之旅中，我重新發現自己本身。不過，那是發現了何種身分的我呢？——是作為一個藝術家的我！」

由於這次的義大利之旅，歌德完全脫胎換骨，變成另一個人。他充分呼吸了自由的空氣，恢復作為一個藝術家的自我。

在羅馬時，歌德下榻在一個非常樸素的房間。屋主是一對老夫婦，也就是一個馬車伕及其妻子。這對夫婦的兒子臨時充當歌德的差使，替他辦一些雜事。房間裏沒有什麼家具，只在中間擺了簡陋的睡床，而他放行李的箱子則置於房間的一個角落。

「弗利波・米萊，德國人，三十二歲，畫家。」這便是他向主教所掌理居民名冊所申報的身分。事實上，他滯留羅馬的期間曾畫了多達一千幅的風景畫。就這樣他開始了匿名而寧靜的學生生活。

他最感興趣的是古代羅馬的種種，在法王治理下的基督教羅馬。因此，對於近代及中世紀的羅馬他已經非常冷淡，無甚感覺。他想在南歐的天地發現「回歸自然」這樣富於時代精神的理想。早晨他就從事於自己的寫作，然後外出去觀賞偉大的藝術作品，這便是他每天必做的功課。

到義大利旅行的經驗後來就為『義大利紀行』一書出版了。但是，這本書讓許多崇拜歌德的藝術家及一般讀者們大失所望。

許多城市都被他忽略了，而有關佛羅倫斯也沒有什麼像樣的記述。西斯汀那的教堂甚至有他住過、睡過的記錄，但在本書裏，他只不過是胡亂以高調去談論古代。因此，人們不免認為：這樣不是趕不上時代嗎?但是，歌德只是想從此次的旅行中找到作為一個藝術家的面貌。

宮廷的生活完全是由公爵所支配，人的真正想法並未顯露於外。專心一意地表演，態度恭敬，宮廷中的人員都像是演員一樣，活在禮儀及式典的世界裏。隱藏在社交場合裏紳士淑女們背後的是偽善。歌德已經無法停留在北方那個陰暗而有拘束感的世界。對他而言，義大利之旅有新的意義誕生。

「我已經恢復，能品味人生的快樂，享受歷史、詩文及古代的事物。」（一七八七年一月七日）

他這句話，的確真正表現了此次旅行所具有的意義。

當時的羅馬，是一個貧窮的都市。人口有十六萬人，連拿波里人口四十萬人的一半都不到。但是，這是指被羅馬皇帝時代的城壁所圍繞的地域約三分之一，上面所蓋的房子所住的居民。其他的部分，是已經有一半腐朽的別墅零散地聳立的庭園。居民們大半是農民，羊群在古代的廢墟上吃草。也有農民以栽培果樹為業。其他的人則為商人。雖說是商人，但都是小零售商而已。他們住在簡陋的房屋裏，根本談不上店面，而是將貨品擺在街頭銷售。而那些身分較高的人所住的宅邸，本身也形成一個閉鎖性的特別區域。

因為市民的生活極為貧困，所以，一旦到了節慶就會變成異常喧鬧。民眾在半夜中群集在大馬路上，舉行遊行，並彈奏曼陀鈴或吉他，或只是聊天、唱歌。交易商們的生意買賣及談論美術也都在街頭進行，而半裸的孩子們，在路上四處奔跑，母親們給嬰兒哺乳。大工程在街上展開。烘烤食物的煙霧及氣味籠罩在四處。歌德在這樣的環境之下生活。他所住宿的房屋面對大馬路，就在羅塔尼尼宮殿附近。

當時的歌德，孤獨而自由，因此無論如何生活，如何放浪、談戀愛，也已經完全從威瑪人好奇的視線裏解放出來，不再介意別人的眼光。他一定能由只顧夢幻、浪漫的生活回到真正的人類生活。

義大利之旅使他恢復為具有與生俱來光輝的平凡人，能以感官去感受一切的悲喜。他學習到「自然之中有藝術，藝術之中有自然」的道理，並深深自覺到，自己既不是政治家也不是畫家。而是真正天生的詩人。

當他重拾長久一直都在追求的作家生活，他沒有忘記，撥出時間寫完本來就在寫作的作品。一七八七年一月十三日，他終於完成了『伊弗葛尼』，將它送給赫魯達。一月二十日，他表達了自己的希望：「但願能完成『艾克莫特』、『達索』、『浮士德』。」

九月五日，他果然完成了『艾克莫特』，將原稿送給赫魯達。『達索』及『浮士德』雖未完成，但他心裏正暗自準備趕著著作集的出版。

和克莉絲汀安娜的邂逅

歌德就這樣重新成為一個藝術家，再度踏上威瑪的土地，他如今已經不是很有興趣再專心從事於致治家的實務。他眼前的要務是發揮自己的才能，做一個專心一意在這條路上追求的藝術家。

他已不再是會顧及世間人情世故及習俗的戀愛專家。但威瑪所迎接的這個歌德，仍然和以前一樣，並沒有太大的改變。但不久之後，他不得不感覺到自己和周圍人們之間存在著極大的空虛。

他告白說：「我失去了所有的共鳴，任何人都不瞭解我所說的話。」他的情人芙恩・修黛安夫人也冷淡地迎接他。已經習慣於南歐的太陽及風土人情的他，覺得自己像是一個亡命者似地，從一個地方逃到另一個地方。

回去不久的七月某一天，當歌德在庭園時，這位詩人面前出現了一位女孩。她為兄長向歌德寫了一封委託謀職的請願書。恭恭敬敬彎下腰向這位樞密顧問官兼詩人鞠躬的她，自稱其姓名是克莉絲汀安娜・威爾比維斯。

當時她是二十三歲，以那個時代來說，這個年齡幾乎已經超了結婚適齡期。

克莉絲汀安娜與兒子奧古斯都

她的哥哥就讀於亞那大學，獲得書記的職位，但後來失去了這個職位。他們既沒有雙親也沒有任何資產，作為兄長必須扶養弟妹。窮困的他於是直接向剛從義大利回來的大臣歌德請求，而替他跑腿的便是克莉絲汀安娜。

在『羅馬悲歌』中，留存了可能是描寫和她初次見面印象的詩句。

那是褐色秀髮的少女
茂密的毛髮垂在額頭上
短短的鬈髮纏繞在頸子四周
未經編織秀髮從上捲起

她的個子不太高，整體而言，顯得豐潤而可愛極了。豐滿而呈圓形的臉部及唇邊，親切而快活的個性，令人容易親近，極得人緣。雖然並非特別美麗的美女，但自然而明朗，呈現出另一美。她的服裝十分樸素。很早就失去雙親的她和妹妹一起被叔叔收養，為了要幫助家計，她和妹妹在鎮上的製花工廠工作。

克莉絲汀安娜想為哥哥找到一份理想工作，可以說是費盡心思，不辭勞苦。不久之後，她和妹妹住到歌德的小屋裏去，成為詩人的情人。在這個地方出出入入的她，立即被那些口無遮攔的人們注意到，成為整個社交界群情激憤的起因，人們並不認同歌德的做法，也完全無法理解：為何像歌德這樣的人，居然以克莉絲汀安娜為戀愛對象，帶著說著粗俗方語、也不善讀書寫字的女人回到住處去?!他們覺得受到難以寬恕的打擊。在身分制度仍十分講究的時代，這樣的事情自然被視為極為憤怒的新聞。

然而，已有前往義大利旅行經驗，已不是一遇到世人的非難便會感激在心的人。他嚮往不會受到道德及世人批評，充滿自由的愛及藝術的世界。在明朗的天空下受著自然及愛的賜予，他認為這已是至高無上的幸福。顯露出受到宗教的影響，而對暴露肉體表示極度憎惡的北方小世界，根本無想像古代希臘、羅馬裸體畫的美。

作為一個旅人的歌德，就彷彿悄悄地從過度拘泥於形式、微暗的飲茶用密室中溜出來一般，在大自然之中，流汗之餘他體驗到以熱水泡來的粗茶味道是多麼地美好。純樸而自然的官能之愛，充實。那種的滿溢純粹歡樂，表現出生活及自我決定的自由。詩人的想像，開始在這樣的世界之下翱翔，展翅高飛。

『羅馬哀歌』與克莉絲汀安娜

自義大利歸來後不久，歌德寫下了二十章『羅馬哀歌』。在作品中登場的人物雖然採取虛構的形式，不過，克莉絲汀與歌德的愛情成為作品成立的前提。

情人不可悲嘆，妳那麼快就將一切委身於我
請相信我，我絕不會認為妳厚顏或卑賤

歌德對於投入自己懷抱的克莉絲汀，或許確實有這樣的感覺吧，所以無論如何都不想拋棄她。

情人會奪去我白天的幾個小時，無聲無息地

但也會將夜晚的時間彌補給我
並非不斷地接吻，而是坐下來談談心
當有瞌睡蟲找上她時，我也躺下來想想東西
我也曾在她的懷中寫過詩

歌德便是在『羅馬哀歌』中建立了和她之間最美麗的愛情紀念碑。在其中，包含了肉體之外的異教的愛。她並不是一個知識分子，但也絕不是社交界的貴婦們所輕蔑的女性。她作為一個女性，給予歌德無限的安慰。女性所給予的無限安慰及和解——他當時正是在追求這些東西啊。

克莉絲汀安娜，可以說是一個「躲在背後」的女性。她不曾在社交界露臉亮相，也沒有正式的訪客。

她稱呼自己的丈夫歌德為「顧問官先生」，總是躲在丈夫的背後，而行為舉止更是收斂，非常謹慎小心。她因為自己是無太多教養且純樸的人，所以，才能忍受世人有所質疑的眼光及無情的誹謗，完全沒有任何怨言。

歌德將他們兩人的關係告訴其母親已是過了五年之後的事。當時，奧古斯都已是一位可愛的少年。他的母親就像威瑪的貴婦一般不會大為憤怒。她大大方方地承認他們兩人的關係，並寫了一封富於感情的信給她名義上的媳婦。但對克莉絲汀安娜而言，躲在陰影處的生活持續了將近二十年之久。

被周圍人們冷淡地看待，不斷有人在背後批評、大加撻伐的戀情，究竟帶給歌德什麼呢？倘若當時他娶了貴族的千金小姐並得到眾人的祝福，他可能擁有真正的幸福嗎？

對他來說，最重要的是作為一個作家應有的自由。所謂自由，便是遵守為了產生作品所必要的孤獨。結婚之後，他也一直極力守護僅有的自由。經常有數個月或半年之久他都關在家中，享受孤獨的時光。他在自己所喜愛的時刻外出，在喜愛的時刻回家，全憑喜愛，十分地任性。

也唯有克莉絲汀安娜那樣的妻子才能忍受這樣的事。她並不瞭解他的文學世界。但她是以天生的智慧掌握住丈夫的心理全貌。他們兩人彼此瞭解。的確，克莉絲汀安娜雖是「站在背後的女人」，但如果從歌德的世界除去這個人的存在，他的一生及詩作有可能會變成格局狹隘得多的模樣，而不是後來的樣子。

歌德的文學包含了崇高的理想及奔放的性愛描寫。他的作品從不像這個世間的夢幻般世界的騙徒、娼妓的世界都有，可以說包羅萬象，範圍十分廣泛。他的文學世界範圍廣闊，擴及所有的領域，這是不是因為他的作品是建立在他和她之間的體驗之上呢？

未獲好評的作品集

作為一個藝術家而重現文壇的歌德，以作品集八卷來證明自己的才能。那是將一七八七年至一七九〇年間的作品按照順序刊行的作品集。在這部作品集中，也收錄了過去無人知曉的作品，諸如『艾克莫特』、『伊弗葛尼』、『達索』、『浮士德斷片』等等，以及最初的詩集。

然而，讀者對這部大著的反應極其冷淡，不但廉價版賣不出去，精裝本也沒有銷路，而豪華版更沒有出版的可能。出版社的庫存品絲毫未減。據說，實際上在第一次世界大戰前只要一馬克便可買到初版本的各卷。

對於讀者的不加理睬，歌德自然受到極大的衝擊，以『凱茲』及『少年維特的煩惱』一下子博得世界性名聲的那個作家，如今拿出八卷之多的著作集問世，結果卻未得到任何的迴響，他不得不意志消沉下來。

想要做一個作家，就必須繼續寫出像『凱茲』或『少年維特的煩惱』那樣的作品，這才是最要緊的，歌德也很瞭解這一點，但是，他並未遵循這一條世俗的常軌。他很快地便放棄了年輕時身為一個名作家的名聲，開始進入宮廷生活，擔任樞密顧問官或大臣。

他不喜歡年輕時代的作風，而寫出了『達索』及『伊弗葛尼』這一類嚴肅的古典作品。另一方面，在『羅馬哀歌』中他高昂地謳歌官能性的快樂。當時對『凱茲』及『少年維特的煩惱』仍留有深刻印象的讀者們，對於有如此轉變的歌德，並未發出共鳴。

歌德體驗到深沉的孤獨感。就這樣，陷於痛苦而持續很久的一段沉寂時期來臨了。那也是憎惡和輕蔑接踵而至的時期。他開始向德國人說出尖酸苛薄的話，同時他更強烈地確信著：作品應該為自己而寫。

他的作品出現許多動輒便未完成即中斷的情形。但是，如此緩慢的步伐成為他向名列偉大作家而超越其他作家邁進的一大原因。他經過孤獨的苦惱，而無論作為一個人或一個作家，他展現了更大的格局。

法國大革命與歌德

就在此一時期，他遭逢了法國大革命。德國的青年及知識分子都狂熱地迎接這個新時代來臨前的曙光。赫魯達、席拉、洪保德等人心中無不充滿了希望，而年輕的赫魯達信徒則在『自由的讚歌』中發出歡呼之聲。再者，黑格爾被稱為「神秘主義者」，這一點是大家所熟悉的。歌德的朋友馬克當時在巴黎也加入了神秘俱樂部」，觀賞戲劇『攻取巴士底監獄』時，甚至熱淚盈眶。

德意志的各個宮廷及政府，並不是一開始便一致地採取拒絕的態度。因為自路易十四世之後，他們便對傲慢而藐視所有歐洲其他小王室群的波旁王朝反感至極。他們可以說是，內心覺得得意而輕鬆地觀望著這個強大的王朝，冷眼看他苦惱的樣子。

尤其是巴帝、巴伊爾等國，更在國境豎立了高聳的告示牌，上面寫著：「逃脫者及無住宿處者不准進入。」這些君主，由於親身經歷了當時的風潮，因此，與其說是法國的流亡貴族們，倒不如說是對於人民寄予同情。在王侯之中年輕一代的人士，甚至出現對於新思想表示共鳴的人。

然而，在德國像熱病一般的感動並不是持續得很久。隨著國王的被處刑，德國人狂熱的情形大部分都冷卻下來了。革命仍在進行之中。權力鬪爭及政治糾紛仍一再重複著。到了最後，巴黎以恐怖政治支配了全局。連誰是真正的革命家，誰是背叛者都搞不清楚，後來更引發了戰爭。而此一戰爭持續了二十年之久，直到拿破崙出現之前，整個歐洲全都被捲入動亂之中。

不過，歌德對於革命究竟表現了何種態度呢？在未談到這件事之前，我們有必要看看威瑪的實際狀況。威瑪並沒有自我覺醒的市民階級存在，宮廷和貴族社會和他們是毫無關係的，在平凡度日的市民及少數的低層市民，在從事於生產的大多數人們之中，幾乎都是生產應宮廷所需的東西而維持生計。整個國家看來似乎是小小的一個家庭。

當時，巴黎正在進行大眾遊行，但德意志全境內根本就沒有成為批評時局中心的首都，不可能有遊行這件事。所以，對於革命的熱烈討論，只限於分散在區域而已。而且因為當時柏林及維也納彼此反目成仇，夾在這兩個國家之間的小國群，只能全力保護自己的生活，自求多福，並無餘力顧及其他的事情。國民是否能過著幸福的生活，則需視君主是否具有適切的政治手腕而定。

這便是歌德原本所持的論調。所以，他當時認為，像路易十六世那樣的君主，即使人是好的，但無能的君主被打倒也是無可奈何的事。如果他是一個值得被稱呼國王之名的人，就絕不可能這樣悲慘地埋葬掉。但是，對於過分激烈的大眾運動完全不表示認同。將國王、王妃、政敵及嫌疑者處以同樣的斷頭台刑罰，慘絕人寰的做法，根本不是歌德所能忍受的。

這是基於歌德的本性而產生的思想，他說：「從少年時期便體驗死亡，甚至於無政府狀態本身。」不過，被迎接到威瑪去從事於統治的歌德，在作為這樣一個人時，感情也一定有所改變。在他看來，革命是政治荒廢之下所形成的混亂，是彼此互相憎恨、仇殺的反映。

歌德很快地被左翼的人士冠上「偉大的庸俗之人」這個綽號。他對於法國大革命表現出的保守性反應，便是他們給予他這個名號的一大原因。他擔任專制君主的大臣，終生都只襄助奧古斯都。由左翼人士看來，他這種「從一而終」的立場，反映了一種無可原諒的、反民眾的庸俗之人的妥協態度。

事實上，當時他以革命為題材想要寫成的各部作品，最後都宣告失敗，這大概是因為他對於法國大革命未從精神上去理解的緣故。最初封給歌德「庸俗之人」這個形容詞的人是艾克斯及馬爾克思，不過，他們都非常瞭解歌德的作品，並率直地讚美與偉大的一面。比方說，他們一再讚揚歌德受所有人喜愛、歌頌的『羅馬哀歌』所展現的才華，認為他確實是一個天才。

很遺憾的是，後來有一段時期有些人根本不閱讀歌德的作品，也沒有研究他這個人，只是機械性地一再說「偉大的庸俗之人」這個形容詞，而現在也已經沒有這樣的風潮了。

法國大革命爆發後，流亡的貴族進入德意志各地，反革命的氣焰在奧地利、普魯士瀰漫開來之後，德法之間的關係變得非常緊張。一七九二年七月，法國先下手向德國方面宣戰。因為他們覺得應該讓人們對國內的危機狀況的記憶轉移到國外去，對第一革命政治的要人來說，這是一個最佳的解決方法。因此，普魯士及奧地利便一起侵入法國。

當時連奧古斯都公爵都出征了，任普魯士甲騎兵連隊長。由於公爵的建議，歌德儘管不甚情願，但也加入了征戰的行列。

歌德是於八月八日啟程的。途中，他也到鄉里訪視母親。那是十三年以來母子兩人的初次相會。

普魯士軍隊往法國領土維爾塔前行。開始時，歌德仍很樂觀地以為，戰局很快就會結束，但是，從九月下旬起情況有了一百八十度的大轉變。由於統帥的領導不周、惡劣的天候、補給不足、疾病大流行等因素，德軍被迫往後撤退。經過千辛萬苦之後，歌德於十二月十六日深夜抵達威瑪。

他在威瑪過了平靜的家庭生活，但那是很短的一段時間，翌年，他不得不體驗第二次的從軍生涯。因為歌德回到威瑪的十二月十六日，瑪伊在毫無抵抗力量的情況之下被法軍佔領了，於是，德意志同盟軍一致決定反擊。而奧古斯都公爵也參加了圍剿軍。瑪伊於一七九三年七月二十二日被攻陷。歌德於五月十二日出發，八月二十二日返回。

晚年，他將這兩次的從軍經驗當作自傳的一部分記錄下來，也就是「法國從軍記」及「圍攻瑪伊」。這兩部分給予人的感覺是淡淡的，彷彿是一個冷靜的旁觀者所寫的手記一般。

歌德與席拉

歌德與席拉的情誼，不僅德國文學史上，甚至在世界文學史上也都被視為十分罕見的友誼，廣受討論。

佛特烈・席拉（Friedrich Schiller 一七五九～一八〇五）寫了很多傑出的戲劇，獲得眾人的崇敬，並被視為一位「國民詩人」。十九世紀前葉，席拉可以說是比歌德更獲得一般德國人的歡迎。代表德國的這兩位天才詩人在同一時期出現，這件事本身就是一種奇蹟。而這兩個人連手合作建立古典主義時代一事，似乎必須說更是一種奇蹟。

因為詩人的內在世界是強烈的個性及孤獨的世界，所以，很容易期待他們之間出現出自內心的親和互動，更何況，兩人都是非常傑出的情形，所以，他們的情形更應該說是世界上無與倫比的友情結合。

然而，兩人的關係並不是很輕易就產生的，自然也有作為一個人的迂迴、曲折性變化，而追究此事直到最後，等於是研究清楚了這兩位天才的本質。

歌德比席拉年長十歲，當席拉開始展開作家生涯時，歌德已經是完成『凱茲』及『少年維特的煩惱』的作家，受到眾人的景仰。席拉很尊敬歌德，很希望能設法接近他。

席拉被認為是『群盜』的作者，在年輕人之間博得不少喝采。它和『少年維特的煩惱』一樣，是傲然地批判社會現象的作品。他將歌德已經擺脫掉的狂飈運動期的世界，再度強烈地描繪出來。歌德憎惡那種粗野及不拘形式，他認為，自己好不容易已經以一連串的新作品打開通往高貴靈魂之路，但歌德也認為，席拉再度破壞了它，如果和這樣的作家交往，自己不僅無法前進，反而會後退，於是內心大大地提高警戒，有意識地避開席拉。

歌德閱讀席拉的作品時，覺得似乎是後者故意給自己看年輕時的缺點，所以厭惡得不得了。儘管如此，席拉的作品不僅受到一般大眾的歡迎，連在有教養的宮廷婦女之間也掀起一股不尋常的崇拜風潮。

但他剛剛達到新境界、更純粹的內省性作品，讀者卻不屑一顧，對於社會人士的不瞭解，他不禁深深感到失望及憤怒。

再者，法國大革命的爆發，使席拉的作品變成令歌德更難以忍受的東西。因為歌德認為蔑視法則及秩序，以不明確的自由的慾求為主題的劇作『群盜』，竟讓席拉獲得一七九二年巴黎的市民權。當時，席拉是伊那大學的私人講師，即使沒有這個身分，但當時已巴黎化的伊那大學進一步地尖銳化，這一點對身為威瑪大臣的歌德來說，絕不是一件愉快的事。

歌德和席拉在體質上及性格上也是對立的。歌德身體健康，體格相當強壯。而席拉則是不健康的，瘦瘦高高的體型，有著結核病患者特有的臉色。生活態度上，兩人也是完全相反的。

席拉日夜顛倒，經常在深夜工作，而且他使用各種各樣的刺激劑。除了咖啡之外，他也將腐爛的蘋果放在抽屜裏，以蘋果的氣味來刺激工作情緒。他是一位非常離譜的癮君子。歌德自然無法忍受席拉所散發出來的病態氣息。

歌德是一位現實主義者，在他的眼前只有現實。他的精神經常發揮觀照的作用。而席拉則是一位理想主義者，在他的眼前所浮現的首先即是理想。他一切皆從思想出發。在他們兩人之間，橫亙著一道不易越過的鴻溝。

歌德有計劃地讓席拉不接近自己。對他這種冷淡的態度，席拉不可能視而不見，於是他對歌德的敬意有時會變成強烈的反抗。

「這個人，這個歌德，在阻礙我。他經常讓我想起過去命運對待我是如何冷酷。他的命運，由他的天才承擔下來，輕輕鬆鬆而毫無重負。而我到這一瞬間為止才明瞭，自己非奮鬪不可，且不知要經歷多少磨難，才能像他那樣……。」

席拉向朋友訴說自己的心境。根本就無意於將歌德放在一起比較的席拉，也許在提起寫詩之筆時才會洩露出這樣的感嘆。

兩人的友情

人與人之間極容易動輒便產生誤會。當時的歌德，只是將席拉視為『群盜』的作家而已。對於之後席拉在內在上的成長根本毫不瞭解，那時候的席拉，正由從偏愛異常慘烈且玩弄過度幻想的作風，逐漸轉變為尊重現實的作風。再者，在政治思想上也有極大的轉變。富於革命的氣概，經常以反抗暴君作為作品的訴求的他，謳歌法國大革命，以自己獲得巴黎的市民權而感到無比驕傲。但隨著國王的被處刑，他的思想也起了急劇的變化。

以市民政治上的自由為最高價值作為努力目標，這一點仍然和以前一樣。不過他深深地感覺到，為了達到此一目標，還是需要一段相當漫長的歲月。對於當前的時代，他可以說成為一個嚴格的貴族主義者。

當時他認為，為了要制訂市民的憲法，市民們也必須摒棄「卑俗之人」的角色模式。因為「卑俗之人」永遠是一個盲者，永遠有看不清的盲點。當時，他的世界正一步步地靠近歌德的世界。

席拉那時候正在寫『三十年戰爭史』，而席拉逝世後的十餘年，歌德讀了這本書竟掉下眼淚，他坦白地向友人說：「我和能寫出這樣著作的人之間，有一段短暫期間有所誤會，各自過自己的生活，我覺得很悲哀。」

這兩位詩人的接近，因為在內在上已經很成熟，所以只要有任何的好機會，要實現此一理想自然有其可能。一七九四年的夏天，兩人參加伊那大學所舉辦的自然研究會時，在某一個聚會散會之後，偶然一起離開會場。他們交談著剛才所聽到演講。

席拉說，將自然那樣地破壞而加以處理的方法，絕不是能引起外行人興趣的做法。他的意見強烈地吸引了歌德的注意，因為歌德也是那樣認為，兩人的想法竟然一致。於是，從此兩人就掌握到彼此互相接近的契機。

他們很迅速地成為好友，關係變得非常親密。兩位詩人相對立的情形，彷彿陰陽兩個電極一般地產生互補的作用。像歌德這樣樸素式的天才，通常都需等待機會，靠靈感工作，當靈感的暴風雨過去之後，就會在精神上出現散漫的情形，陷入所謂的低潮期。

此時，席拉就會給予他活力，給予他激勵。歌德由於席拉的鼓勵，完成了小說『威亨・梅斯特的修業生涯』，敘事詩『赫爾瑪與特洛帝亞』，而且此時甚至也開始動筆撰寫原本已經準備放棄的『浮士德』。

另一方面，席拉的工作情形根本上就不同於歌德。他預先做出很周到的計劃，並做提案，竭盡全力去做詩，以意志力完成了不少詩作。

因為他是一位有智慧的人，所以，某種力量驅使他大膽放手去實踐理想，逐漸建立藝術上的法則。但他面對工作的挫折時，仍然效法歌德的那套方法，重新突破瓶頸，展現另一番局面。

有著獨特個性的兩位詩人的友情，在某一方面也可以說是彼此的內心互相交戰著。不過，那是收獲非常豐富的一種交戰。兩人都因此而獲得最大的收益。因為，席拉由於和歌德之間的友情才得寫作戲劇。

體弱多病的席拉，於一八〇五年五月便結束了還不到四十六歲的短暫生命。當時，歌德曾悲傷地說：「我失去了自己的另一半……」自一七九四年六月起，兩人之間魚雁往返的信函多達一千零六封，時間長達十一年，可以說名副其實的「不過三天就有一封」。

儘管他們兩人的資質完全相反，但他們也確信：在自然及藝術兩者本質上能達成統一，在這一點上他們的想法倒是一致的。歌德投稿給席拉所辦的雜誌『荷拉』及『詩神年鑑』，他們不僅在創作上彼此互相競爭，同時對於低俗、混亂、無性格的風潮，也勇猛果敢站在同一陣線，形成共同的筆陣。於是，他們兩人友情的結合在文學史上創下極為少有的一個時期。

在和席拉來往的時期所完成的『威亨・梅斯特的修業生涯』，以及『赫爾瑪與特洛帝亞』，都是歌德的代表作，在文學上都具有極大的意義。

『威亨・梅斯特的修業生涯』

歌德開始撰寫以威亨・梅斯特為主角的小說，是在一七七七年他二十八歲的時候。經過八年之後的一七八五年十一月他寫了第六卷，就這樣完成了第一部。第二部原本也想寫六卷，但長期間被中斷，最後完成的作品稱為『威亨・梅斯特的演藝使命』，通常被稱為『梅斯特初稿』，也就是『修業時代』的初稿。

正如標題所示，『威亨・梅斯特的演藝使命』這本書是想描寫主角經過辛苦的體驗之後，成為演員，最後並成為德意志國民劇場的創立者的曲折過程。希望以戲劇為德國國民的教化盡一份力量，便是這位主角的使命。然而，自義大利旅行歸來數年之後，歌德雖想再度寫這部作品，舊稿卻已經無法再延續下去。

那是因為，之後歌德豐富的人生體驗使他無法再寫有關戲劇的小說。他已不再像年輕時候一樣，對於演藝人生活陶醉其中且追求的熱情也消褪了。此時，符合現實生活的認識及活動已經主宰了他的心。

由於從事了政治活動及自然科學的研究，他的視野明顯地變得廣闊了，開始認為符合生活的實踐活動，並對人類的幸福有所貢獻的創作，才是真正的生活意義。因此，他在新的構想之下開始從事『修業時代』的創作。

已經完成六卷的『演藝使命』被濃縮為四卷的新作品，從第五卷到第八卷則重新加入一些材料。一七九六年六月完成整部作品時，歌德是四十八歲，從執筆初稿起實際上已經歷經二十年的漫長歲月。

出身於商人之家的威亨，非常喜好戲劇，且對於戲劇表演十分專注投入，但在『修業生涯』中，可以說將這件事本身描繪成主角的一種錯誤，事實上戲劇並非威亨人生唯一的一件事，他就是想經由這種錯誤達成作為一個人的人生目標。舊稿中威亨對於舞台生涯的理想，在此已經轉變為對於生活藝術的理想，其中描寫了一再重複的諸多迷惑及失敗，最後終於達到難以預料的人生面貌。

主角的周圍雖然圍繞著多采多姿的人們，但其中特別是命運乖舛的少女蜜妮悠及其不幸的父親，也就是一位豎琴演奏家的命運，為全篇文章帶來了一種不可思議的光芒，深不可測。

蜜妮悠所吟唱的「你知不知有個開著檸檬花的國家？」以及豎琴所吟唱的「除非是流著淚吃麵包，在床上哭泣，哭了整個悲傷夜晚的人」，兩首詩一直讓無數世人感動及流淚。但是，這部作品因為是以描繪人類的複雜生活為主題，所以，一方面並沒有演變成為整套容易瞭解的故事。關於「修業生涯」，歌德本身曾經如此說：

「無論如何，這是一部最難以預計的作品。我本身幾乎沒有解開它的鑰匙。每個人都想探查它的中心點，但那麼做並不容易，而且也絕不是一件好事。從我們眼前通過的多變多樣的豐富生活，本身即使沒有多采多姿的傾向，我們也必須認為它是有價值的。而結局的概念一言以蔽之，是否為了這樣的傾向而存在呢？不過無論如何，一旦希望有這樣的東西時，不妨依靠腓特烈，最後向主角說的話便是：『我認為彷佛是那位為了要尋找父親的驢子而外出，結果卻找到王國的基恩之子沙維爾一般。』因為，整個作品想要表現的便是，儘管人類擁有一切的愚昧及迷惑，但最後還是會被引導到更高層次的境界，進而達到幸福的目的。」（一八二五年一月十八日『艾克曼對話錄』）

歌德的這段話，將小說『威亨・梅斯特的修業生涯』一書的本質詮釋得極易理解。這部作品，給予後世極大的影響。描寫古代及中世紀的敘事詩所描繪的對象，以往都是以各民族的君主及英雄，或是各民族的命運為主體，但歌德在此書中初次擺脫敘事詩既定的命運，而專門描繪一個平凡人的命運。

他便是以描繪性格及時代思潮等複雜地糾纏在一起的人，如何邁向成熟，而打開了近代小說的門扉。我們可以說由於這部作品，不僅僅是德國，也令全世界的文學進入完全嶄新的一個階段。

席拉完全瞭解為了歌德，為了這部作品如何陷入苦惱之中，於是不斷地鼓勵他。歌德在感激他的好意的同時，也向人們告白：「如果當時沒有席拉的影響的話，就無法完成這部作品。」

『赫爾瑪與特洛帝亞』

在歌德和席拉交往時期，所產生的第二部作品，是敘事詩『赫爾瑪與特洛帝亞』。當完成『威亨・梅斯特的修業生涯』之後，他立刻著手撰寫這部作品。他在一七九六年九月動筆，翌年九七年三月完成。創作是在伊那大學進行的在這部作品中，是以六腳韻的詩所寫成的一共九章、二〇三四行的敘事詩。

『修業生涯』是一部篇幅極長的長篇小說，相較起來，這部作品就顯得格局小多了，只能說是「小巫見大巫」而已。儘管如此，這部作品在文學史上仍佔有其獨特而貴重的位置。

故事的內容是描述，在萊恩河附近一個小小的鄉鎮旅館，老闆的兒子在援助那些逃避革命災禍的難民時，愛上了難民中的一位少女，而經過各種波折之後，兩人終於結婚，有情人終成眷屬的情節。

歌德本身，從同鄉的難民們口中，他可以聽聞各種各樣的人的命運。個別的人微不足道的命運，比起任何一個時代的口號，更能令人有強烈的親切感，訴求的力量也更大。無秩序、混亂、貧乏、飢餓、疲勞、不幸的人們之間的紛爭。無論是很快地向產婦伸出援手的姑娘，或是成為支撐人們之間和睦相處的力量，像賢者一般的老人。在書中一再重現了人類的原始狀態。歌德在其中捕捉了人們最純樸、最美麗的面貌。

這部作品當然一定是從歌德本身的見聞所產生的，但其中也有一段成為素材的見聞，是歷史上有名的軼事。

他碰巧得到有關薩爾布克的亡命者的一篇舊新聞報導。薩爾布克的領主為弗爾密亞大主教，他於一七三一年被徹底地放逐了，而不想放棄自己的信仰的新教徒被放逐的人數，據說超過二萬人之多。他們將家產、器具都裝上車子，帶著女人、孩子及家畜，形成一列綿延不絕的人群，斜斜地橫越全德意志。在經過苦難的旅程之後，移往東普魯士。因為威瑪一世允許他們移民到當地。而他們的子孫，在二百年之後遭遇到更恐怖的事件，形成更悲慘的難民潮，不得不回到西部去，這一點是我們所熟悉的。

這篇十分久遠的新聞報導上有一段小插曲：一個小小的鄉鎮中富裕的市民愛上了難民中的一個少女，並終於娶她為妻。兒子的雙親最後也承認了自己的兒子和赤貧的姑娘的婚姻。當他將結婚戒指戴上她的手指時，她從口袋裡拿出裝了二百塊，作為嫁妝，兩人就這樣結為連理。

這段插曲成為歌德作品的雛型，這一點正如所有研究家所認同的，確實，歌德是將那樣的時代移到當時，而揭開了以栩栩如生的法國大革命中難民的世界為舞台的敘事詩。

歌德的敘事詩，是假設一七九五年夏季的某一天，市井中所發生的一個小事件，將不到六小時的時間中的事件描繪出來。作者從一個德國的小鄉鎮中擷取屬於人的純粹東西，呈現在我們眼前。

這篇簡樸的、牧歌的敘事詩，成為歌德最受歡迎的作品，『赫爾瑪與特洛帝亞』受人歡迎的程度是世界性的，但如果只限於德意志的部分來說，它是以較上層的人為訴求對象。而以廣泛地滲透到一般大眾心中這一點來說，它遠超了『少年維特的煩惱』。正如歌德的母親充滿喜悅之情傳話給他那樣：「裁縫師及其助手，還有女傭等等，所有的人都應該閱讀。」

據說，牧師們祝福作者，而書店也將這本書當作結婚儀式中最佳的禮物，大力地推薦。也就是說，自『少年維特的煩惱』之後二十餘年，歌德才寫出深受讀者歡迎的作品。

在書中所登場的人物，全都是平凡的老百姓。雖然沉默寡言，但感情濃厚而穩重的赫爾瑪，以及純情而可愛的特洛帝亞，加上頑固但本性善良的父親，極富愛心且溫柔的母親，寬容的牧師，喜歡照顧別人的藥房老闆……。他們都很有人性，也很有個性，是德國式的人。這便是這部作品受人歡迎的原因。

拿破崙出現

法國大革命之後，歐洲的政情不斷地動盪，呈現不安的局勢。尤其是一七九九年十一月拿破崙開始實施所謂的「軍事獨裁」之後，歐洲全體都被捲入戰雲密佈的狀況之中。

一八〇四年十二月，經由人民投票，拿破崙終於登上皇帝的寶座。聽到他即位的消息，貝多芬對著「英雄交響曲」的樂譜擲筆，嘆著氣說：「原來，人民的主權者也是一個庸俗的人！」這個故事在歷史上相當有名。

無論如何，由於拿破崙的出現，整個歐洲都產生激烈的變動。而小小的威瑪公國，自然也正面地受到這股時代潮流的影響。拿破崙失勢之前的十年間，歌德的生活不能說和這位英雄完全無關。

相較於拿破崙所率領的統一法軍，德國只不過是一個可憐的落後國家的集團而已。諸侯爭先恐後地討好拿破崙，在贈賄及迎合的情形下，大家是無疑進行拍賣德意志帝國之實。德國的領土就這樣很容易地由拿破崙重新分配。一八〇六年七月，德意志西南部的十六位諸侯在拿破崙的保護之下，締結了「萊茵同盟」，正式宣佈退出德意志帝國。因此，八月六日法蘭茲一世退位，神聖羅馬帝國便滅亡了，長達三百六十八年的哈普斯布克家的歷史就從此落幕。

威瑪公國的危機

以往，威瑪公國自從卡爾・奧古斯都即位之後便一直依賴普魯士，設法發展國政。因為他的母親是腓特烈大帝的姪女，所以，普魯士等於是母親的娘家。

自一七九二年至九三年，他以普魯士士官的身分，於萊茵河畔和法軍交戰。這次他也意圖採取和普魯士相同的行動。

一八〇五年至〇六年的冬天，在威瑪駐紮的普魯士軍超過二萬二千人。那是為了攻擊經由巴羅特進軍威瑪的法軍。由拿破崙看來，威瑪是最無法信任、可惡的小國，但威瑪所仰賴的普魯士軍，自腓特烈大帝逝世之後便急速地趨於弱質化，在當時已完全失去昔日的場面。

一八〇六年十月十四日，威瑪遭遇到雷元帥麾下的法軍的侵襲，普魯士軍一下子便潰散，而威瑪即刻成為混亂之地。

歌德由到威瑪偵察的法國輕騎兵將領帶領，終於進城了。城內幾乎沒有人，只有公爵夫人仍毅然留守。

歌德派人向家人通知：「我現在要替雷將軍安排營地，所以不必擔心。除了元帥護衛之中的幾名騎兵之外，任何人都不可以讓他進入家中。」

克莉絲汀安娜很努力地工作。他使喚人整理房間及準備飲食。法國士兵絕大部分都是亞爾薩斯的人。她決定在傭人的房間舖上稻草，讓他們在那裏睡覺。他們極度疲憊，根本沒有食慾，一坐下去就睡熟了。

克莉絲汀安娜將一切準備妥當，等待將軍的來臨。但是，將軍一直未到。後來逐漸有許多法國士兵闖入城中。

事態時時刻刻在變化，愈來愈險惡。不久之後，開始有掠奪行為出現。法軍破壞門窗侵入民宅。市內各處不斷有火災傳出。抵抗者受到非常嚴重的報復。歌德的舊友，也就是畫家克拉維斯也因此而喪命。芙恩•修黛安夫人的住處被掠奪一空，幾乎不曾留下什麼東西。歌德的妻舅威爾畢溫斯也遭遇到同樣的狀況。

歌德自城堡歸來之後，便急忙地走上二樓的寢室。此時，有兩名法國士兵從外面侵入。他們因為喝酒而做出粗暴的行為，走上二樓，威脅說要將歌德殺死。

克莉絲汀安娜和一名亞爾薩斯輕騎兵協力救出了歌德。她把那些大肆掠奪的士兵們押到屋子外面去，上了鎖。此時，他們進入原本準備給元帥的護衛使用的房間，鑽進床鋪下。

第二天早上，到那裏檢查宿營的副官便用槍將那些士兵解決了。不久之後，雷將軍出現了，開始有士兵在歌德家前面站崗。

於是，歌德得以化險為夷，但此時威瑪的命運再度成為他勞心的根源。當時的威瑪，可以說名副其實地處於生死存亡的關頭。儘管歌德一再諫言，但奧古斯都公爵並未接納，也不分辨那是什麼樣的時機，便指揮普魯士軍。而且，被派到別的地方去的他，在祖國遭遇到危機時卻不見蹤影。

拿破崙原本就對他相當不滿，此時自然更加憤怒了。公爵夫人的娘家，也就是鄰國普拉溫修維艾克，由於拿破崙的一聲令下，立即被取下。而威瑪的命運，也如同風中之燈一般，隨著都會被熄滅。

就在此時，拿破崙出現了。拿破崙很不愉快，而且也不很友善，他向唯一留下來的公爵夫人吼叫：「妳的丈夫到哪裏去了！」那是因為，現職的大臣們以及繼承王位的公子夫婦，全都已經逃之夭夭了。但她以沉著而高貴的態度回答道：

「他現在應該在要完成自己本分、任務的地方。」

威瑪被課以二百萬之多如此離譜的軍稅，而法律並未規定此一稅收。同時也接到嚴格的命令，立即分擔出兵的兵源，和法軍合為一路。那的確是一種不光榮的降伏，但唯有如此才能避免亡國的命運。所有威瑪的民眾們，都讚譽公爵夫人為救國之主。

歌德體驗到切身的危急感，深深感到命運的難以預測。他下定決心，要和已經保持了近二十年關係的「黑市夫人」，也就是他獨生子的母親克莉絲汀安娜正式結婚。他由衷地感謝她以勇氣及應變能力解除了自己的危險。如果自己萬一有何三長兩短，自己就無法對她及孩子盡作為一個人的責任。此時，已經不是害怕世間批判的時候。十月十九日，在宮廷的禮拜堂中，悄悄地舉行了只有他們兩人的結婚儀式。

歌德為了整理出法軍所要求的，作為推行佔領政策所需的資料，經常異常忙碌。法軍的佔領行動一直持續到十二月時，威瑪公國參加「萊茵同盟」為止。後來，便出現了拿破崙的全盛時代。

拿破崙與歌德

一八〇八年九月二十七日，拿破崙進入德意志小國薩克塞的艾弗爾特城。由於拿破崙的號令，集合了歐洲的二帝四王及德意志的三四位君主，那是為了完全使英國封鎖歐洲大陸。此時由於奧古斯都公爵的請求，歌德儘管很不願意，但他還是前往艾弗爾特。在外國人的名單中發現歌德名字的拿破崙，說一定要和他見上一面。十月二日上午十一點，兩人終於有了歷史性的會面。

拿破崙是一位將『少年維特的煩惱』讀了七次之多的歌德迷，當他一看到歌德便大聲高呼：「Voilà un homme!」（這裏有人！）意即完整之人，描寫得極為深刻。這是眾所周知的故事。在他們兩人之間，產生了脫離狹隘的敵我感情，很豐富的，具有人情味、文學性的對話。當時歌德為五十九歲，而拿破崙則只有三十九歲。

四年之後拿破崙率領了六十萬大軍討伐俄國，但遭遇到慘敗，且一路敗退。活著回來的士兵，據悉只有三萬人而已。

一八一二年十二月十五日，是一個天空降雪、寒冷至極的日子。那天晚上，敗將拿破崙坐著簡陋的郵遞馬車通過威瑪。而失意地踏上敗走之途的英雄，並未忘卻對於歌德的尊敬。他派當地的法國公使沙恩・迪尼耶，向這位異國的文豪致上由衷的問候之意。

歌德並不是一位職業政治家，但由於立場問題，他有時在道義上也必須過問軍事上的事情。當時的拿破崙被德國人視為仇敵，恨之入骨，但由於他的入侵，德國人才初次產生共通的愛國心，開始團結一致。因此，歌德無法去憎惡這樣的拿破崙。非但如此，歌德更將拿破崙的行為視為天才，給予極高的評價。

他對於德意志的關愛之心，是由極大的視野中孕育出來的。視野狹隘的愛國激情，是他一再提高警覺的。貧窮的小國無視於一切地吶喊、抗戰又能如何呢？還不如去關心如何才能不讓國土荒廢，並保護國民的生活，這一點才是他最關心的事情。然而，由於這一點主張也造成了和奧古斯都公爵的感情、德意志國民感情逐漸疏離的結果，使他心情很憂鬱。

拿破崙時代，耗損了歌德作為一個政治家的神經。一八〇六年的十月，他甚至親身體驗到生命的危險，而一八一三年的九月及十月之際，威瑪政治上有過不安，動盪不已，歌德甚至已將行李收拾好了，準備隨時逃離。

在這段期間內，他的健康狀況也經常受到影響，而且又必須遭遇身旁很親近的人死亡的悲哀。一八〇五年他失去了席拉這位至交，一八〇七年四月，他所尊敬的公爵夫人逝世了。原因是娘家的沒落、自己國家的荒廢等等事情，一再累積心勞所致。再加上，翌年一八〇八年的九月，他的母親也逝世了，享年七十八歲，歌德為此十分沮喪。

生活在如此不安的局勢之中，他作為一個作家的意願卻絲毫未曾減退。當時和現代不同，當國家的一切未被戰爭的災禍直接波及時。很自然地會產生一種心靈上的安寧，從容不迫地面對世界。他利用餘暇的時間，設法集中內在世界，不斷努力地從事於創作活動。

歌德自一八〇六年起，每年夏天都會到波希米亞的溫泉鄉卡爾斯巴特度假。那是因為，前些年他罹患了腎臟疝痛這個大病，為此而苦惱不已，聽說卡爾斯巴特的溫泉對於腎臟病具有卓效，所以才到那兒療養。他的膝蓋也有病痛，而據說溫泉對這種病痛很有效。這次的易地療養，給予他的神經帶來的安定，也為他帶來了創作活動的原動力。

一八〇六年他完成了『浮士德』第一部的原稿。從一八〇七年末到翌年〇八年，他心中偷偷地愛上了蜜娜・赫爾莉普，而寫了『短詩』十七篇。

一八〇九年，小說『親和力』出版。從這一年開始，他就開始準備撰寫自傳『詩與真實』。

一八一〇年，他開始著手進行『威亨・梅斯特的遊歷生涯』的寫作。一八一一年，『詩與真實』第一部出版。一八一二年，『詩與真實』第二部刊行。一八一四年，『詩與真實』第三部刊行。以上都代表了：在不安的社會局勢之中，歌德的創作力是多麼地旺盛，他是多麼地積極努力。

和貝多芬的相遇

歌德幾乎每年都會到卡爾斯巴特去，在那裏和形形色色的人們交流，成為他心靈上豐富的糧食。卡爾斯巴特位於西波希米亞，以現在來說，那是位於恰可斯羅維奇亞與東德意志國境附近的溫泉地。當地自古以來即不斷有許多大藝術家、帝王、君主、將軍等等到此逗留。那個地方距離威瑪有數百公里之遠，當時馬車只需四、五天的旅程便可抵達。

在卡爾斯巴特東部約八十公里的艾爾索山脈之中，有一處稱為狄布里梭的溫泉鄉，自遠古起即為眾人所熟知。歌德於一八一〇年及一二年的夏天都逗留於此地，一九一二年的七月，他偶然在那裏遇見了貝特衛。這兩位天才的相逢，被他以對比性的方式描寫出來，令人頗感興趣。

貝多芬自少年時代起即非常尊重歌德，鍾情於閱讀歌德的作品。貝多芬已經將歌德的若干詩作譜上曲子，並將它呈贈給歌德，作為歌德的戲劇『艾庫蒙特』的序曲。但是，他們兩人的相遇絕不是偶然發生的。

當時歌德有一位很親密的女性朋友，這位名為佩狄娜・芙恩・普雷塔那的年輕女性，後來成為知名的女流作家。她是一位對文學、音樂、繪畫都很有認識的天才型女性。她對自己所尊敬、所感激的藝術家，通常都會很熱情地衝上前去，可以說具有很不尋常的熱情。她和這兩位大天才非常親近，也是因為她擁有無與倫比、罕見的勇氣所使然。

說服貝多芬和歌德見面的是她，而貝多芬原本也是很想和自己所崇拜的歌德見上一面，所以，也許因為有那樣的動機，他才到狄布里索去，不過，也說不定是因為貝多芬聽說狄布里索的溫泉對耳疾有效，才會有前往狄布里索的打算。歌德由於來自佩狄娜的訊息，也已經充分瞭解有關貝多芬的事情。

然而，他們兩人並不是事先約好在狄布里索見面。在卡爾斯巴特時，歌德受到奧古斯都的邀請而前往狄布里索。據說，奧地利的年輕皇后想和歌德見面，但七月十四日他抵達時，貝多芬早已在一週前就停留於當地，兩人彼此都覺得很驚訝對方竟然身在狄布里索。

歌德採取實在、大方的行動，七月十九日的星期日，由他主動第一次拜訪貝多芬，而一看見貝多芬，歌德就深深為他的天才所吸引。

當天，歌德立刻寫信給妻子說：

「我從來都未見集中力如此強，精力如此充沛，感性如此豐富的藝術家！」那是令人驚訝的讚辭。在他的一生當中，從未認同其他人的卓越，那是僅有的一次。

翌日他們兩一起到畢里荷去散步。二十一日晚上，歌德也去拜訪貝多芬。二十三日星期四，他又再度拜訪貝多芬，每一次貝多芬都為他彈鋼琴。

四天後，貝多芬由於醫師的建議移居至卡爾斯巴特。歌德也於八月十二日離開狄布里索，回到卡爾斯巴特。九月八日，他們又再度見面，但是，就這樣兩人的交往便完全斷絕了。九月二日，歌德寫信給朋友，也就是音樂家蘇魯達說：

「我在狄布里索認識了貝多芬。我對他的才能驚嘆不已。但真可惜，他的性格非常奔放。也許我絕不能這樣說：他認為世間是應該唾棄的地方是錯的，但如果僅僅是那樣，那麼為了自己也為了別人，根本無法使這個世間變為更加快樂的地方。不過，他喪失了聽力，這是我們要好好替他考慮的一點，他實在很可憐。失去聽力，與其說在音樂生活方面，還不如說是社會生活方面更為方便。他本來是沉默寡言的個性，但因為耳朵聽不見，所以，這些事情就更聽不見了。」

兩人的差異

兩人相遇時，歌德為六十三歲，而貝多芬則是四十二歲。歌德雖然批評貝多芬，但他語詞可以說是溫和的，甚至可以感覺到作為前輩的用心良苦。不過，他對於貝多芬狂熱的處事方式很難苟同，絕不會變成一樣的人。而貝多芬方面，也不喜歡毫無道理地對王侯貴族採取恭恭敬敬的態度。碰巧在散步的途中所發生的一件小事，將兩人的性格凸顯出來，是一段有名的軼事。

貝多芬當時是抓著歌德的手臂在走路，此時，在路的另一邊奧地利的皇后率領貴族及廷臣出現了。貝多芬向歌德說：

「你繼續一直挽著我的手臂吧！不要讓他們看見我們走在路上，我們絕不可分開。」

但是，歌德並未聽從貝多芬的話。他推開貝多芬的手，手裏拿著帽子站到路中去。貝多芬則稍稍聳聳肩，然後悠然地繼續從路中央走過去，從他們一大群人中間穿過去，只不過在皇后的面前稍微以手碰一下帽子的邊緣而已。但他對貴族們很有禮貌地讓路，很客氣地打招呼。一旦通過那個地方，貝多芬就停下來等歌德，他看見歌德恭恭敬敬地彎下腰。貝多芬對歌德說：

「我這樣在這裏等你，那是因為你值得我這樣做。你對那些人實在過於客氣了。」

歌德不認為自己有錯，他對貝多芬說：

「我只不過做了合於禮節的事罷了。你只是認為我是一個詩人，卻忘記我也是在威瑪的奧古斯都公爵那兒工作的官員。」

此時，貝多芬又說：

「那幫人所能做的，只是給人勳章而已。並不是因此就使他們成為了不起的人。而且，他們雖能製造出宮中顧問官及樞密顧問官這些官銜，但他們不能製造出歌德及貝多芬。一百年之後，那種人將完全被人們所遺忘，他們頂多只是曾經和大詩人歌德有關而已。僅僅因為如此，他們的名字將留傳後世，你對他們太客氣了！」

關於這件事的經過情形，在羅曼羅蘭的『歌德與貝多芬』一書中有很詳細的記載。因為那些都是參考所有當時的資料及當事者的書信等等，所以，可信度可以說相當高。

貝多芬具有男性的個性，而且十分平民化。在音樂世界堪稱帝王的他，即使對王侯也不屈服。如果他能向權勢低頭而犧牲自由的話，那麼，他就可以獲得更高的權位，得到更多的財富。再者，他是羅曼蒂克而且具有愛國心。

歌德厭惡浪漫主義，他說「浪漫主義是病態的」，這句話十分有名。他愛世界人類甚於狹隘的德國，並說世界公民是賢人、哲人之類的人，這一點他和普通的德國人大異其趣。

當然，其中也有類似的地方，不過適切相反的意見居多。可以說，他的文學及思想成為彌補德國人的缺點的教訓，也成為救贖，具有極為重要的意義。

這兩位天才，雖然彼此承認對方的才能，但在作為一個人方面，彼此卻無法喜歡對方。

晚年的歌德

圓熟的『東西詩集』

到了一八一三年，戰雲開始在德國中部密佈。也就是在萊比錫兩側夾擊，加入號稱民族戰爭的兩軍，開始形成對峙的局面。據稱，拿破崙軍有二十七萬六千人，而聯合軍則有十五萬人。

歌德的日常生活變得極為嚴肅。他想設法逃避眼前的現實狀況，但在情理上是不可能的，所以，他最後不得不自然地遁入詩人的內在世界裏去。此時，吸引他興趣的是東方禪學的世界。

十月中旬發生民族戰爭的結果，奧地利、俄國、普魯士、瑞典、英國的聯合軍打了勝仗，使歐洲有了產生新秩序的機運。歌德對於東方的興趣及關注又更強烈了。翌年一八一四年六月，他第一次閱讀了維也納的東方學者約瑟夫・弗恩・哈瑪所翻譯的哈弗茲的詩集。

哈弗茲是十四世紀時波斯傑出的詩人，歌德從他的作品發現和自己之間很深的相似性。不會受到世襲的道德觀及現實的事態所約束的一種精神上的自由。不屈服於國家、信仰及時代風潮的壓力，具有強烈的個性。沉溺於戀愛及飲酒的歡愉，卻不斷地在官能之中隱藏高貴性……。也就是說，歌德當時在哈弗茲的詩的世界裏，重新反芻了以前在羅馬所學習的人性的解放。

恢復和平，且威瑪在政治上的不安解除之後，歌德才初次感到解放感。他很想逃避令人窒息的環境，也很想一個人舒暢閒適地散散心。在心靈上處於不安狀態的戰爭時期，他的作家精神仍絲毫未減，反而更加促進他豐富的創作意願的契機，是到萊茵、瑪伊的旅行。

一八一四年及翌年一五年共計二次，外出旅行。第一次是從七月二十五日到十月二十七日之間的三個月。第二次是從五月二十四日到十月十一日的五個半月。在這次旅行的途中，他遇見了瑪莉安娜•芙恩•維蕾瑪，開始時彼此交換吟詩作對，這一點便成為他在『東西詩集』中吟咏對於愛、人生、神等富於感情的詩篇的動機。

歌德喜愛哈弗茲的作品，想逃避不安定的現實，也想向東方的世界作精神上的「出走」。『東西詩集』這個書名本身，就有西方詩人吟詠東方的詩篇之意。在其中所吟咏的東方世界，完全是歌德本身內在世界的表白。而哈弗茲只不過做了代言人而已。歌德在前後兩次旅行的期間，在途中完成了大部分的詩篇。後來他回顧當時曾說了下面的話：

「特別有才能的人，即使邁入高齡之後，也仍然擁有新鮮而特別富於生產力的時期。我覺得，那些人彷彿有數度暫時性的返老還童，具有年輕氣息。我所說的『一再重複的青春』，便是指這一點而言……

十年或十二年以前，在解放戰爭宣告結束的那個幸福時代，在『東西詩集』中的詩纏著我不放時，我仍然富於生產力，當時一天能寫三首之多。無論在野外或車中，根本沒有任何地點的區別，一樣可以寫詩。」（一八二八年三月十一日，『艾克曼對話錄』）

『東西詩集』是歌德晚年期的重要著作。這部詩集一共有十二卷，我們從其中可以瞭解他的人生觀、世界觀、戀愛觀、宗教觀等等，窺見其圓熟的理念。

尤其是他和瑪莉安娜之間互相唱和所寫的「茲拉伊卡卷」，更被視為此詩集的精華，打動了無數人的心。

然而當這本書問市時，並未產生任何反應。雖在湯瑪斯・曼的『歌德隨想』中，被譽為「收錄了歌德後期抒情詩，具有無法估價的價值的珠玉篇」，『東西詩集』的初版根本就賣不出去，而被當作廢紙一般堆起來。

據說，初版的一部分直到本世紀初仍然保留在出版社的地下室。現在其中任何一冊，都成了極其稀罕的版本。

一九三二年歌德百年冥誕時，在日本慶應大學所舉辦的歌德文獻展示會上，展出了『東西詩集』的初版本，創下了記錄。而展出者是以翻譯艾克曼的『歌德對話錄』而聞名的龜尾英四郎先生。那本書在歷經戰禍之後，目前不知是否仍平安無事地存在著，如果存在的話，不知身在何處。

一九〇五年日本出版的上田敏所著的『海潮音』，也根本沒有銷路，而長時間在總發行處的元本鄉書院裏沾滿灰塵，被遺置在角落。此書突然有銷路，是在其真正價值廣為人知的十年之後的事。

無論如何，優秀傑出的作品一定有被人瞭解的時候。作家芥川龍之介在其遺稿中將讀了『東西詩集』所得到的印象描述如下：「看到在一切善惡的彼岸上悠然地站著歌德，感到近乎絕望的羨慕。」

克莉絲汀安娜的死亡及奧古斯都的婚姻

維也納會議之後，威瑪公國升格為威瑪大公國，而領土也擴增約一・五倍，奧古斯都公爵也成為大公。沒有特別功績之所以能被升格，乃是因為繼承他地位的公子迎娶了俄國皇帝的女兒，這一點發揮了極大的作用。

歌德被任命為首相，不過他所司掌的範圍，只限於學術及藝術的領域。儘管如此，接二連三發生的困境，成為他心勞的根源。

而家庭中也發生了許多事情。一八一六年六月六日，妻子克莉絲汀安娜逝世了。當時他才剛滿五十一歲而已。她不幸罹患了尿毒症，在非常痛苦的掙扎之後嚥下最後一口氣。由於醫師們的無能為力及鎮靜劑的不足，臨終時是一次和死亡的搏鬪，極為恐怖。當時歌德正好臥病在床，所以，妻子臨終時無法看著她最後一面。在他的日記中，曾如此寫道：

「六月五日。一整天都躺在床上。妻病重危急。」

「六月六日。妻即將臨終。她在生命的最後一刻，面臨恐怖的掙扎。正午左右逝世。在我的內部和外部產生一種空虛及死亡的寧靜。……妻在夜晚十二點被送到靈堂室去。我終日都臥病在床。」

雖然她名為歌德夫人，但因為一般人都將她視為躲在陰影中的女人，是見不得陽光的地下夫人，所以，幾乎沒有探病的訪客。以前曾是女演員的芙恩·哈柯特爾弗走到因痛苦而哭泣的歌德夫人身邊，握住她的手。她可以說唯一具有如此勇氣的人。

翌年一八一七年，歌德的獨生子奧古斯都結婚了。他的對象是威瑪宮廷女官長的孫女，名叫歐蒂莉。由於妻子的過世而使家庭產生的極大空虛感，看來似乎因為他們兩人的結婚被彌補了。

一八一八年，維爾達出生，二〇年旺爾弗卡克出生，二七年女兒艾瑪出生。文豪歌德此時在家中只不過是個含飴弄孫的爺爺而已。

兒子結婚為歌德帶來明朗的喜悅，但是，他的子孫最後並沒有走上枝葉茂盛的命運。歌德家有一些看不見的遺傳。兒子從父親身上繼承了熱情的性格，而從母方則繼承了飲酒的癖好。而且因為自小便嬌生慣養，所以，完全缺乏一種抑制自己弱點的能力。

他是一個不肖的兒子。他雖然從侍從升任為財政局參議，但那只不過沾了父親的光罷了。一八三〇年十月奧古斯都在旅行途中猝死，讓身為父親的歌德悲慟不已。當時，他只有四十歲。

歐蒂莉是一位矮個子、碧眼、聰明的美女。但是，她的感情非常善變，常有激烈的表現，平凡庸俗的丈夫和她總是不和睦。老歌德介在他們兩人之間，也是束手無策，困惑之至。

歌德逝世之後，多情也多恨的她搬到威恩去住，但不久之後，在那裏的生活發生困難而無以為繼，於是又回到威瑪，在佛萊溫布拉恩家老舊的閣樓裏，結束了其餘生的歲月。孫子們的結果也相當悲哀。

歌德的長孫及次孫都活到六十歲，但都成為不喜歡人群，膽小而優雅的獨身者，在遠離威瑪的旅途中死亡。那種情形，就好像他們承受不了「歌德」這個偉大的遺產一樣。孫女艾瑪在威思時便結束了十七年的短暫一生。由於這二人的死亡，歌德家的家系便從此斷絕，無人繼承香火。

最後一次戀愛

自兒子結婚翌年開始，歌德有三年間每年的夏天都到卡爾斯巴特洗溫泉浴，但因為並沒有顯著的效果，所以，一八二一年便轉往馬利艾巴特，在那裏停留了一個月。他想換個地方看看效果如何。

馬利艾巴特位於距離卡爾斯巴特西南方約三十公里之處，那是波希米亞的新溫泉村，在當地他偶然認識了一位名叫薇莉可・芙恩・蕾娃索的少女。因為他碰巧住在薇莉可的祖父母所經營的旅館，所以才產生了這段奇緣。

在修拉斯堡的法文學校女生宿舍住了數年，才剛剛十七歲的薇莉可，根本不知道歌德是多麼有名的人或多麼偉大的詩人，因此，她對歌德而言，完全不過是一個天真無邪的少女而已。但歌德不得不向少女開玩笑地說，自己是比她大很多歲，在飲食店幫忙的老人。

老人，你還不停止，還愛上人嗎
又是一個稚嫩的小女孩
你年輕時有
柯德荷艾恩
現在使你每天甜蜜蜜的人

是誰呢？你不妨說個明白

第二年即一八二二年夏天，對再度前往馬利艾巴特的蕾娃索做客的歌德來說，此時的薇莉可已經成為他戀愛的對象。歌德將手邊新出版的『從軍記』送給她，並在扉頁上寫了如下的小詩：

一位朋友所走過的路何其不幸
本書即在描述此一故事
因此，成為希望安慰朋友的願望
永遠就是不要忘記他
於馬利艾巴特　一八二二年二十四日

「永遠不要忘記他」——歌德的願望，薇莉可是否瞭解了呢？這一天，也就是七月二十四日，他結束了在馬利艾巴特逗留一個月餘的日子。和她別離之後，他立刻寫了一首名為『阿伊歐羅斯的豎琴』的長詩，這是獻給薇莉可的詩篇。

白晝對我而言是憂鬱的
夜晚的燈火也無聊至極
重新描繪妳溫柔的模樣
就是唯一僅剩的樂趣

薇莉可

他將戀愛的苦惱，寄託於一接觸風就會自動響起的阿伊歐羅斯的豎琴聲。

翌年二三年的夏天，歌德第三次造訪馬利艾巴特。由於此次的逗留，他再也無法隱藏對薇莉可的愛意。他透過相交數十年的友人卡爾．奧古斯都大公向她求婚。當時歌德為七十四歲，薇莉可則為十九歲。超過五十歲以上的年齡差距，難怪在世人眼中看來非常不可思議。

歌德的悲劇，在於她無法接受他的愛情。即使對他而言是熱情的戀愛，但對薇莉可而言，歌德畢竟只是帶著敬畏及尊敬之心來眺望親近的戀人而已。

在深深的懊惱之中，有著老人的平靜。他於一八二三年九月五日悄然地離開馬利艾巴特。抵達威瑪則是九月十七日。

在這段期間內，無論坐在馬車中或是待在宿舍裏，他仍持續不斷地寫詩，以表達苦惱的方式來忘卻苦惱，正是詩人的特權。因薇莉可而失戀的苦惱，除了這麼做之外，別無其他逃避的方法。他為我們留下了『馬利艾巴特悲歌』，一首清新、具有深度且意涵豐富的情詩。

在親近我們的內心深處
有著對更高、更親近的、未知的
永遠無法命名的事物，一方面向自己說明
感激而想要主動委身於它的努力，正積極進行著
我們將它命名為虔誠！站在她的面前
我深深地感覺到如此神聖的高度

情人之美是燃起私利私慾的光芒。愛上別人也就是走入神聖的園地。薇莉可是他搆不到的天國之門，永遠無法企及。老詩人的理性如此警告他，但是，他熱情仍像青年一般沸騰著。

因此，淚水湧現吧，無止盡地流吧！
然而，那兒卻毫無可使心中火焰停歇的方法
生與死正在恐怖地交戰著
我的心中已然激烈地發狂，幾乎要破碎了！

古往今來詩人的數目無法勝數，而在較高齡時仍繼續從事於詩作活動的詩人也不在少數。但是，到了七十四歲仍繼續保有年輕氣息、情懷的詩人，根本就找不到。杜甫及李白沒有寫過情詩。芭蕉透露出極為深刻人生觀的詩句，也有一些情詩。四十歲時前往日本東北旅行的他，已經被稱為「芭蕉翁」。連被稱為天生詩人的華爾雷，晚年也已經完全頹廢。歌德的偉大之處，即在於這種作為一個人溫暖的豐富性。

無薪的助手艾克曼

談及歌德的晚年時，我們不能遺漏艾克曼的名字。歌德人生最後的十年，是在極其狹隘的生活圈子裏渡過的。連以往經常去，走路即可抵達那麼近的伊那，此時也成為他不常去的地方。

不過，那個時期也是他的精神向無法測知的深邃及廣闊的世界擴展的時期。而從各種角度捕捉他無限的內在世界的樣貌，將其傳遞至後世的人便是約翰・貝塔・艾克曼。如果你有他所寫的著作『與歌德對話錄』，那麼，你一定會記得歌德在其中的感慨：許多有價值的事物可能永遠消失了。

讓晚年有時情緒不佳的歌德暢所欲言，談到許多內心話，可以說是艾克曼的功勞。也許有人會說，陪伴在天才的身邊且能自由地談論事情的艾克曼，是一個非常幸運的男人。但是，他的功績絕僅非幸運所帶來。那是想要永無止盡地探索歌德晚年廣大無邊的世界的他，由詩人氣質中產生的珍貴結晶。

他的父親是一名貧窮的布料商，從少年時代起便扛著笨重的行李幫忙父親作生意的他，到十四歲都還無法入學。從這一年開始，他才開始學習如何讀書。

他是一位胸部虛弱、矮個子，看來並不起眼的少年，但他很積極且有耐性。後來他獲得一個官吏的職位，擔任書記的工作。他到了二十四歲時才開始學習拉丁文。因為有待他很親切的人在背後支援，他獲得一部分津貼，開始得以進入高等學校。

他也寫了一些詩。當時他貧窮至極，並和一位與他同樣貧窮的女子哈莎恩訂婚。她後來不得不等待十三年才和他結婚。艾克曼在葛帝柯大學修習文學及哲學，在以公費生的身分經過數學期之後，他寫了『文學論，特別是關於歌德』。他的論點是批判浪漫派，並以古代希臘及歌德作為楷模。他將這篇論文呈送給歌德。這位老文豪以好意接受了這篇文章，設法為他印刷出版。

這便是艾克曼接近歌德的開始。

當時的歌德正在尋找一位助手。他雖然物色了很多人選，但一直難以作出決定。因為關於應徵者所要求一直談不攏。但是，艾克曼卻毫無任何要求。他對歌德說：「只要在您的身旁我就心滿意足了。」

事實上，除了些微的小補貼之外，任何東西他都未接受。不僅如此，赤貧的哈莎恩還必須資助一點金錢給他，幫他渡過生活的難關。

當他站在歌德這位文壇巨匠面前時，他已經三十歲了。在他削瘦的臉頰上，刻劃著勞苦者的皺紋，總括而言，他是一個有著濃眉細眼，看來有些寒酸感的男人。在他的臉頰上，垂著沒有光澤的長髮。那是在年輕人之間很流行而帶有德意志古代風味的髮型。討厭那種髮型的歌德提醒他，趕緊設法將頭髮捲起如何？不斷勸他改變髮型。艾克曼雖被錄用，但並不是擔任秘書的工作，在歌德口述文章時不會叫他去，那是其他人員的工作。當時歌德有三位書記，他只不過是其中一名無薪的助手而已。

艾克曼專心一意地工作，熱心地服侍歌德，由衷地尊敬他，將他所說的每一句話記錄下來。他住在一間帶有家具的小房間裏。喜歡鳥的他，房間裏佈滿了鳥籠。在那兒，他留下了許多具有無限價值的記載。十分謙虛的哈莎恩，有時也忍不住向艾克曼抱怨：那麼賞識你的歌德，為何絲毫不幫助你呢？雖說如此，他仍只是說服未婚妻，繼續努力工作。

到了歌德生命最後的一年，艾克曼才好不容易地和她正式結婚。但命運的女神對這兩人似乎不夠寬大，當時她已經年紀不小了，所以在初次生產時，很快地便撒手人間。

歌德的死，使艾克曼變得全然孤立。他在滿佈著鳥籠的房間裏，生活得好像一個被遺忘的人似地，無人聞問。

此時，他開始想要解決生命中唯一的課題。那就是把以前將歌德口述的事情及要點簡短地記錄下來的那些資料，重新整合並整理出來，這個恢復完整對話錄的工作，可以說是歌德晚年的一種『詩與真實』。他的『與歌德對話錄』，堪稱歌德最後的偉大作品。因為，歌德一定預先意識到並想到，他晚年最後階段的談話，會以新的表現形式，由艾克曼將之流傳後世。

歌德逝世之後，艾克曼仍然留在威瑪，並接受了宮廷顧問官的封號。不過，那是毫無收入，也沒有太大價值的封號。而社會上的人也將他看成某一種類型的人。當慶祝歌德誕生百年紀念日時，全市的房子都點起了慶祝的燈火，一時大放光明，但只有他擺滿了鳥籠的房間小窗仍是漆黑的。在他活著的時候他沒有太多收入，世人也未理睬他。

他的身邊一直是孤獨的，但是，他的作品仍長久地綻放光芒。因為，他被歌德的光芒所籠罩著，沾了偉人的光，在他唯一的作品中，描繪出一個獨特性的世界。隨著時光的推移，他的功績在世界上也廣泛地獲得進一步的評價。

『威亨・梅斯特的遍歷時代』

歌德晚年時曾對艾克曼說：「國民文學這種東西已經沒有太大的意義。現在已是世界文學來臨的時代了。」在文學方面，他的視野也是向廣闊的世界拓展。

他憎惡只朝向德國文學發展的狹隘精神，儘管如此，那也並非憎惡德國的事物之意。毋寧說，真正德國式的事物必須被世界人們所理解，這才是他一貫的理念。

真正具有個性的事物，同時也應具備普遍性，符合人性，歌德的真正意思即在於此。

今日世界上優秀的文學都能互相瞭解。過去只從事於「單向貿易」的中國文學，未和世界作交流，但現在也開始被其他國家瞭解。而此一現狀原始的樣貌，可以說當時早已在歌德的腦海中描繪出來。他也對義大利、法國、英國、西班牙的文學寄予關心，他的視野，東方各國自不在話下，就連中國那樣極東的國家，也在他的範圍。他在精神上便有如此廣大無邊的廣度。

一八二九年二月，他完成了『威亨・梅斯特的遍歷時代』，這是他晚年的大作。它被人們視為『威亨・梅斯特的修業生涯』的姊妹作，認為『修業生涯』之後他會接著寫作『遍歷時代』，但歌德當初並無此一意圖。

事實上，『修業時代』是一部完整的作品，所以，不寫續篇也是可以的。但席拉問著作人歌德：修業生涯結束之後，主角將來要往何處去？據悉，這便是產生『遍歷時代』的原因。雖然中途發生許多波折，但從一八〇七年起稿之後，它實際上花了二十二年的歲月才完成。

在『修業生涯』的末尾，主角威亨和愛人娜塔莉雅結成連理，但他拋捨了幸福的婚姻生活，由兒子弗力克斯伴隨展開遍歷世界的旅程。在途中，他們遇見各式各樣的人，見識他們不同的生活情況。他們雖然在生活方式上各不相同，但他們都專心一意地面對自己困難的現實，並感到喜悅。

不久之後，威亨走入教育州，那是一種擁有山林、牧場、農地及建築物的學園。在那裏，採行劃一式教育，將重點放在發展每個人的個性上，進行依照園生的個性的職業教育。但另一方面，也強調共同生活與個人的關聯，因為沒有社會生活，就不可能有個人生活。

威亨對這一點有著極深的共鳴，很快地就把自己的孩子託給這個學園。關於這個學園的記述，讓人們瞭解到歌德教育理念的所在。

最後，他所描寫的是一個由名叫雷那魯德的人所主宰的小社會的面貌。他準備移居到新天地美國去，集合勞動階層及職工加以訓練。在那兒，所有的人們都站在平等的立場，形成一個完全民主主義的社會。有許多威亨在修業時代所親近且尊敬的人都參與了此一小型社會，而他的妻子娜塔莉雅也前來加入。

在他們之中，也有已經出海航海的人，還有即將出海航行的人。以前曾修習過外科醫師技術的威亨，遇見了離開學園的弗力克斯，為了和兒子一起前往新大陸，他追隨他們一行人後面。

在修業生涯之後，遍歷世界的體驗是當時歐洲社會的風潮。所有的人後來都成為人師而獨當一面，因為遊歷增長人的見聞，拓寬視野。從這一點便可充分瞭解到這本小說被視為『修業生涯』的續篇的意義所在。『遍歷時代』有一個副標題叫「看透的人們」，這表示了全篇的中心思想，而這也是當時作者本身人生觀的根底。

看透也就是抑制慾望，拋開束縛。作者所描繪的人物雖然喜愛流浪，但是，那並非旅行的詩歌所讚美的那個時代所喜愛的浪漫。他們並未被允許從事不顧一切及快活的放浪，他們也必須對人生、社會福祉的增進有所貢獻。也就是說，為了對嚴格的目標有所奉獻，必須看透。

看透並不是無所為，歌德的看透，也絕非觀念上的產物，而是經過辛苦奮鬥之後所體會到的智慧。事實上，在他的作品中有許多人或是放棄戀愛，或是拋捨所有，甚至放棄某種特殊權利，但卻找不到想要的東西，於是變成隱遁者或對世間有偏見的人。

在這部作品之中，隨處插入短篇小說、童話及書信，更有箴言、哲學省思、詩歌等等摻合於其中。故事的情節絕不是容易懂的形式。以某種意義來說，這部小說並未完結，而只是告一段落而已。

老歌德敏感地呼吸著時代的氣息，而感受到產業革命的浪潮及美國這片新天地。他想描繪已不是貴族社會，而是活動的、實踐的，而且懂得進步的社會。他的眼光朝向未來的世代，以及將來的精神共同體。但是，他並未表現出實際的樣貌。那是作者的意圖及要求，關於前述理念，他就交給個人去思考。

當這部作品出版之後，可以說批判非難的聲浪居多。大家指出的缺點是：結構散漫、描寫冗長、人物及事件不夠明確。然而，領會作者心中想法的精英讀者也不在少數。這些能瞭解他心意的讀者們所表示的評價，歌德都以深深的感恩之心予以接受。

『浮士德』及浮士德的傳說

歌德逝世的前一年，也就是一八三一年七月，他終於完成了『浮士德』，那是他窮畢生歲月所完成的作品。當時他已八十二歲，前後花了六十年的歲月，當然，中途也中斷了數次。不過，他的作品可以說和他生死與共。二十四、五歲的青年時代，他寫了其中幾個場面。

這部作品屬於韻文戲劇，由第一部及第二部所構成。他最初所寫的『浮士德初稿』即為第一部的雛形。之後的十年間，他未寫一個字。他在義大利添加了一幕，回去之後又寫了一點，就這樣斷斷續續地完成『浮士德片斷』。

一七九〇年，這部作品被收錄於其著作集中，第一次出現在一般讀者的面前，直到一八〇六年第一部才完成，成為「開尾銷」（cotter）版著作集的第八卷，而於一八〇八年出版。當時寫作『浮士德初稿』的青年歌德，此時已經五十七歲。第二部停頓許多一直未曾動筆，但為了出版最終決定版的著作之必要所趨使，才勉強於一八三一年完成。

換句話說，從七十六歲到八十二歲這七年的歲月全投注於此。目前德國的文學家及作家們，如果被問及「德國最偉大的文學作品是什麼？」他們很可能會毫不猶豫地說出『浮士德』。這部作品之所以會獲得如此高的評價，那是為什麼？因為人存在本身的意義，經由他的藝術，在這本書裏廣泛深入地探討。而且關於人類存在的終極趣味是普遍妥當的東西，所以，『浮士德』具有向世界所有人們訴求的力量。

那麼，『浮士德』究竟是一部什麼樣的作品呢？『浮士德』確實是歌德的作品，但如果認真地考量的話，它絕非只由歌德一個人的創作而產生的。

浮士德不但有民間傳說，也有人偶戲，歌德從少年時代起就對這些東西非常有興趣。反過來說，若是沒有關於浮士德的傳說，也就等於不會產生歌德的傑作『浮士德』。就此意義而言，『浮士德』在整體故事情節的安排上，已預先套上一種框架。『浮士德』也是幾世紀以來文學上的「總結算」，對於莎士比亞的各個作品，我們大概也能同樣如此說。

不過，『浮士德』中有一位成為浮士德傳說的原型的實際人物，活生生地存在著。這位歷史上的人物，大致和馬丁路德同輩、同一時代的人。

他在一四八〇年左右出生，根據傳說，死於一五三六年至三九年之間。他所處的時代，是一個極大的動亂期。那是一個數世紀被套入基督教的束縛，一直冬眠中的精神被激烈地振盪的時代。人們放棄以往只經過神所傳遞下來的一切知識，而想重新親自去觀察自然的事物。此時所產生的是無止盡的知識，知道以前未曾聽聞的知識，也就是以往所不知道的世界已經展開了。自然科學的萌生，便是源自這樣的懷疑精神。

浮士德活在這樣的時代，他想從神以外的途徑去接近宇宙的神秘。為此，傳說中他使用了鍊金術及巫術等一切手段。他以魔法喚出希臘神話中的美女海倫，或是對戰爭的結果作出預言，以獲得君侯的恩賞，甚至其他大大小小各種奇怪的行為。有些人對他這樣的人咋舌不已，但也有些人把他看成世上的大師。也有許多風評說，他的品行不佳。

但在基督教絕對神權、上帝君臨於一切的時代，不將天譴當作一回事的浮士德，其實具備了獲得民眾喝采的質素，這是我們不能否認的一點。

浮士德死後不久，有關他的傳言無邊無際地膨脹開來。和惡魔締結關係的浮士德的死亡，對基督教而言是一種很好的教訓。背叛上帝的人會墜入地獄。

於是，約五十年後的一五八七年，最初的『浮士德故事』刊行了。在這本講談本中，以演義的形式，好像談論某一人物一般，將浮士德的生平說得有趣又好笑，最後，並必定附上道義的訓詞。

一七二五年，第六冊的『浮士德故事』問市了。約一百四十年之內，共有六冊民眾本出現。第六冊是以『有基督教思想的人所寫的浮士德故事』為題，作者匿名。因為浮士德是一位具有市民的啟蒙精神的合理主義者，所以，他將過去道聽塗說故事的色彩加以刪除掉，將浮士德的生活及工作簡略地整理出來，令人看得津津有味。像這樣多少對浮士德有好感的看法，在當時可以說是一件相當危險的事。這本書博得世人的喜愛，人氣持久不斷，據說約一百年內已出了三十三版。歌德也一定讀過這本書。

第一個將浮士德傳說寫成戲劇的人，是希臘的劇作家克里斯多弗‧馬羅，而十六世紀後半期已經在舞台上演出了。這齣戲劇後來由希臘的巡迴表演者們反輸入德國，在德國各地上演。但隨著時日的推移，在想讓民眾喜愛也想讓民眾笑的前提之下，它逐漸變得低俗，而到最後竟變成節日所表演的戲劇，結果只要扮演浮士德的人物一登場，觀眾就會捧腹大笑。歌德小時候也看過那樣的人偶戲。

儘管因為早已有許多關於浮士德的戲劇，所以，大致的情節都是定型的，但如何去描繪、詮釋這個人物，那就是作者的自由了。

浮士德有如全身都是人類慾望的象徵一般，追求名聲、金錢、女人的心熾烈地燃燒著。為此他和惡魔訂下出賣靈魂的契約。另一方面，想以鍊金術去探究宇宙的神秘，即使會墜入地獄的冒險也敢於選擇。以十六世紀的常識而言，那樣的行為必然會令人覺得是不畏懼上帝的自我吹噓，而產生一種悚然、恐怖的感覺。浮士德可以說具備了引起作家們興趣的諸多要素。

少年時代的歌德，閱讀了通俗本，並看了人偶戲。對於浮士德這個人深感興趣，但隨著時間的經過，他一一給予那些古老的素材普遍性的意義，終於從一本傳說故事，創造了處理人生最根本性問題的大作。

第一部庫雷特西夏悲劇

如上所述，『浮士德』是由第一部及第二部所構成。第三部則被稱為「庫雷特西夏悲劇」。浮士德在書中以約六十歲的老學者的身分出現。他是一位精通哲學、法學、神學、醫學等所有學問，極為博學的大學教授。但回顧一生，他發現了自己什麼都不懂的無知，感到悲傷不已。

他希望至少用巫術去探究宇宙的奧秘，而以魔法之書喚出地靈。然而地靈卻向他大喝一聲：「你那裏可以像我一樣！」由於絕望之至，因此他想服毒自殺。此時，從附近的教會傳來復活節的鐘聲及讚美詩，他才不想自殺了。

不久之後，他遇到惡魔梅菲斯特，和他訂下契約。梅菲斯特說：「如果你能在此世以快樂來戲弄我，那我就認輸了。若是我在某一瞬間停下來說你很美麗，我也會滅亡。」在此之前，梅菲斯特就化為浮士德的靈魂而作祟。兩人的契約大致如此。

梅菲斯特心想一定要設法獲得浮士德的靈魂，於是便用盡各種方法去誘惑浮士德。浮士德經由梅菲斯特的安排，認識一位天真純樸的鄉下姑娘庫雷特西夏，兩人在不知不覺中發生了關係，她終於產下了浮士德的孩子。而她困惑不堪的心卻陷入錯亂狀態，將剛出生的孩子沉入水中溺死。那是一件可怕的殺嬰犯罪案，結果她被關入牢獄中。

浮士德將梅菲斯特當作自己的帶路人，在他暗中的操縱之下，進入了獨居牢房，想救出庫雷特西夏，但是，她卻說：「我要將我的身軀交給上帝去裁決。」並不想逃脫。

她邊呼叫著浮士德的名字邊倒下去。梅菲斯特將死去一般的浮士德帶到外面去，而庫雷特西夏呼喚「親愛的，親愛的！」的聲音，對浮士德來說，是他在此世所聽到的她最後的聲音。

謀殺嬰兒的問題在當時是一項很重大的社會問題。庫雷特西夏這個主題，是在第五個的浮士德傳說中初次出現，而第六個浮士德也重新強調此一主題。歌德便抓住庫雷特西夏這個主題，巧妙地和當時的社會問題結合起來，將它作為一般人類的問題，而編進作品『浮士德』。

浮士德激烈的生命的衝動，不僅毀滅了自己，連天真無邪的少女庫雷特西夏也被牽連到悲慘的命運之中。而這樣的命運乃是浮士德自身所引起的，梅菲斯特只是他的共犯者而已。雖然庫雷特西夏也犯了罪，但陷她於罪的原因卻是她的官能，是不是連她的靈魂都肯定這件事？她本身的救贖或浮士德的贖罪及救濟的問題，成為第二部深層內在的脈絡而展開下去。

第二部超現實主義的世界

第一部是智慧及愛情的悲劇，相對地，第二部成為美麗及罪業的舞台。將等待斬首之刑的庫雷特西夏，留在牢獄裏的浮士德，悲嘆地說道：「但願我未曾出生！」他過著什麼樣的苦悶日子呢？某一天，他躺在花朵遍開的高原，恢復了往日的生氣。浮士德即將由梅菲斯特帶領，踏上遊歷大世界的旅程。所謂的「大世界」，就是指王侯貴族的社會而言。

歷史上的人物浮士德，以及浮士德傳說中的主角，都是出入於各地的宮廷，而使那些諸侯感到迷惑。此部分在歌德的『浮士德』中便成為第二部的骨架，以此為基礎去描寫。

浮士德由梅菲斯特帶領進入皇帝的宮廷。這個宮廷發生了財政上的困難，但由於梅菲斯特出的點子濫發紙幣，而一時救濟的財政拮据的狀況。皇帝因此而欣喜萬分。他接著說，想一睹據稱世界上最美麗的女人，也就是古代希臘的海倫。於是，浮士德借助梅菲斯特的建議，到「女人國」去將海倫帶到這個世上來。

經過各種各樣的情節和冒險之後，浮士德找到了海倫，並將她迎接到阿爾卡迪亞城堡去，過著充滿愛情的生活。兩人之間生下名叫那伊夫里奧的孩子。這個孩子有一天躍入空中，因失足而喪命。他的靈魂從地下呼喚著母親的名字。海倫追隨著愛兒之後回到冥界去。在浮士德的手中只留下她的衣裳及飾物。

浮士德離開希臘一地，再度前往北方的國家。海倫的衣裳此時化為雲，將浮士德運載過去。在途中，他看見沿岸的土地和洶湧的波浪搏鬪的情景，希望將得意忘形、囂張的海浪趕出陸地，與海爭地開拓新生地。

適巧，皇帝的治世失敗，引起了內亂，和皇帝對立的另一派人馬舉兵。浮士德被徵召了，並擊敗與皇帝對立的士兵，結果，皇帝便賜給他海岸沿岸的土地作為恩賞。

浮士德所希望實現的理想中的新國土，此時也順利地進行建設，在那兒有許多人開始過著新的生活，希望無窮。此時的浮士德，已然成為領主而建造宮殿，梅菲斯特於是成為眾多使者之中的總管，帶領眾人服伺浮士德。眼前看到新國土建設即將完成的浮士德，心中有著無限感慨，不由得說：

「如果這件事完成的話，我希望向瞬間呼喊：瞬間，你真美！」當這句話一出口，他就倒了下去。因為「如果說出了這句話，便死而無憾。」這便是他和梅菲斯特的約束。

一直不停地工作到高齡者，浮士德的一生也終於到了該譜下休止符的時候。此時，他已經高達一百歲。梅菲斯特以為自己已經得到勝利了，於是想奪取浮士德的靈魂。但是，當天使們合唱著而出現，並撒佈玫瑰花時，花朵都被風吹著而成為火焰，將梅菲斯特及其手下的惡魔都焚燒殆盡。而那些天使之中，也有曾經犯了滔天大罪，名叫庫雷特西夏的少女的靈魂。

浮士德被送到更高、更明澄的世界去，那是被稱為「永遠屬於女性的」的境地，是一個以中性名稱命名的地方。

在第二部所展開的世界，超越了時間，也超越了空間，也就是所謂超現實主義的廣大世界。他寫作『浮士德』花了六十年之久的時間，但他所描述的世界橫跨三百年，而所描述的舞台空間，範圍包括了從德國到英國之間。

「今後的生命是暫時的」

想要簡單扼要地、很巧妙地說明『浮士德』這部作品，是不可能。這部作品涵蓋了無數的問題。每個人都以各自不同的意義去挖掘書中的問題，而意義的差別又極其細微，這一點便使它深具價值。

『浮士德』這本書是視閱讀這本書的人如何，每個人都會產生不同的意義。歌德想在『浮士德』這本書中表現何種企圖呢？我們並無從得知。他本身也清楚這一點，所以拒絕加以解釋，他說『浮士德』是一部文學作品，而不是為了給它註解的文學家們而寫的。

浮士德的救贖——這個問題如果想在倫理上及宗教上被合理化，視為正當的事，那也是非常困難的問題。即使是浮士德這個人，也只不過頂多是「有著陰暗面衝動的善良之人」而已。而「善良」這個形容詞也是非常可疑。的確，上帝只從無限高的地方俯視著人類，而好意地、諷刺地說明才能瞭解。歌德並不是像但丁那樣，居於不可動搖的信仰世界的人。他是一位只要活著便一直會有迷惑的人。他是現代的人。

『浮士德』這本書不斷給我們提供新的問題，因為這部作品雖是無法解釋得很清楚、很複雜的東西，但它也蘊藏了挖掘不盡的珍貴礦石。『浮士德』完成之後，為了不讓原稿被人看到，歌德甚至將它密封起來。因為他覺得自己的真正意思不要說一般的讀者，就連自己的朋友們也很難瞭解。但是，這樣處理的背後，也許隱藏著他期待某一天時機來臨，有能正確瞭解其努力的讀者出

晚年的歌德
在基可哈恩山上

現的願望也未可知。第二部完成後的一八三一年九月，他寫信給包亞斯里說道：

「不管寫得好或壞，我終於把它寫完了。雖然有許多地方仍有問題，但我無法每個地方都解釋得一清二楚。儘管如此，對於使眼色及一點點的暗示也會表現出深深瞭解的讀者們，我想應會喜歡我吧。他們將會發現比我所能給他們的更多的東西。」

歌德的話應驗了，結果一如其所言。現在『浮士德』已經成為德國文學的最高傑作，帶給廣泛的全世界人們無限的喜悅。

隨著『浮士德』的完結，歌德的生命也將近休止。『浮士德』完成之後，歌德向艾克曼說：「今後我的命真的是多賺來的。」在這句簡潔的話語中，清清楚楚地表現出這位老文豪的心情。他靜靜地準備迎接死亡。

他將遺囑託付給舊友繆萊，繆萊處理了其遺稿集、作品集及收集品，而將法蘭克福瑪莉安娜給他的信送回去，在他死亡的數天前，他一直寫信，那些信都表現了這位老文豪的精神確實非常豐富。

他的肉體已經完全走到盡頭。他變成一個佝僂的老人，也變得很矮小。不喜歡冬天的歌德，非常希望春天早日來臨，一八三二年的三月中旬，他乘輕馬車外出兜遊。外面的天氣仍很寒冷，風冷得刺骨，因此他受到風寒，躺在床上。雖然那只是一次偶然的感冒，但病情突然逐漸惡化，三月二十二日，他終於逝世。他當時是坐在床鋪旁邊一把有扶手椅子左側，就這樣嚥下最後一口氣。當時正好和他出生時刻相同約在正午。

醫師弗奧科博士報告其死因為「肺炎、呼吸困難、心臟功能衰竭」。歌德就從此結束了八十三歲的人生。

跋

寫完本書之後，更加深深地感覺到歌德和現代之間的關係。

有時甚至會這麼認為：如果再照數年前的情況下去的話，也許人類會走上滅亡之路。美國及蘇聯都在進行核子武器的競爭，很努力於製造這方面的配備，任何人都無法阻止他們這樣做。

美國的雜誌曾報導說：蘇聯的ＳＳ二〇飛彈具有三十倍於廣島型原子彈爆炸的破壞力。這種移動型的飛彈，擁有三個核子彈頭，以駐在日本的美軍基地為目標。核子兵器不僅是美國及蘇聯的專利而已，以色列轟炸伊拉克的原子彈，北韓的核彈試爆，也不過是最近的新聞。全世界的核子兵器愈來愈多。雖然每一個國家都說，核子具有抑止力，但並沒有任何保障，不知何時世界會發生什麼事情。

現代的不安，不僅止於核子武器而已，最近，生命科技大有進步，在其他方面人類也是遭到威脅。因為形成基因的ＤＮＡ的鹽基排列之謎，已被解明，所以現在製造出許多同樣人類的可能性，已隨之增加。而且如果人造內臟有所開發的話，據說便能製造出人為的、永恆不滅的生命，生生不息。生命科技即將進入最後的高峰。在不久的將來，各國也許會在製造「優秀人種」方面有所嶄獲。

有人能保證絕不會出現這樣的危險嗎？當然，一旦變成那樣的結果時，很顯然地，人類的一切都很悲慘。雖然人們很清楚這一點，但如果連想要廢止核子武器都不能隨心所欲的話，人類是否能彼此自制呢？

倘若人類讓自己的「複製品」充斥於這個世界，那麼人類不久之後必定走上滅亡之路。想要抑制「複製人」的力量，也就是抑制人的「自我」一事，說來容易但做起來卻非易事。

歌德所達到的文學世界，是描寫抑制人類的自我，而為社會的幸福在工作的人們辛苦的樣貌。他在晚年對艾克曼說：「重要的是抑制自己。如果我忘記自我而隨心所欲去行事的話，則在我內心之中，將會有一種破壞力，不僅我自己本身而已，就連周遭的人也會被我毀滅掉。」他無疑是看出了人類的本質。

歌德在自然無限的廣闊之中感受到神的安排。大家是否能承認歌德的神呢？這一點另當別論，但只要有人類存在的一天，歌德所說的『神與世界』的關係就不會消失，而想以智力支配世界的人類的傲慢，必定會導致人類自身的破滅。歌德的文學，便一再重複此一真理。

歌德是第一個提倡世界文學的人。他發自內心地憎惡所謂德國式的事物，他主張如果是真正的德國式事物，則其他國家的人民也必定能瞭解才是。文學是無國境的，無論是哪一個國家的文學，在訴求於人的真情的同時，除了是那一個國家的文學之外，也可以是其他國家人民的文學。

現在的世界，受到政治、經濟及科學的支配。但如果其中沒有擺脫狹隘的國家框架的決心，不努力於獲取最大的和諧，那麼，人類真正的幸福就無法產生。就此意義而言，歌德的文學也許給予現代人許多啟示。

歌德年譜

西曆	年齡	年譜	歷史性事項及參考事項
一七四九		八月廿八日正午，出生於法蘭克福。	
五〇	1	一月七日妹妹克勞莉亞出生（他的二個弟弟、二個妹妹都夭折）。	巴哈逝世。
五一	2	秋天入幼稚園，直到五五年夏天。	法國人開始刊行百科辭典
五二	3	雙親生下次女，翌年夭折。	富蘭克林發明避雷針。
五三	4	克莉絲瑪斯祖母贈予戲劇人偶。	
五四	5	二月廿六日祖母克勞莉亞逝世。	
五五	6	四月，開始改造房子（至五六年一月）。改造期間之中，上公立學校。 十一月，開始學習拉丁語、希臘語。	里斯本大地震。
五六	7		七月戰爭爆發。
五七	8	十二月底，敬獻新年之詩給外祖父母（為現存的最早詩篇）。	
五八	9	生天然痘，至老年時仍留下痕跡。	
五九	10	法軍奇襲佔領法蘭克福。法總督特拉恩伯爵借宿於歌德家（從一月至六一年五月底）。	席拉出生。

年份	年齡	事蹟	世界大事
一七六〇	11	開始學習義大利語。	
六二	13	學習英語、希伯萊語。	
六三	14	二月底法軍撤退。 和柯德荷艾恩共譜初戀。	
六五	16	十月十九日進入萊比錫大學就讀（法律學）。	瓦特改良蒸汽機。
六六	17	和安娜・卡達莉娜戀愛。	
六八	19	七月下旬，咯血。九月一日回鄉。 精神上受到芙恩・古蕾蒂貝爾克小姐的影響。 十二月七日，陷入嚴重疝氣的狀態。	
六九	20	十月底，到瑪哈伊姆觀賞古代雕刻展。	拿破崙出生。
七〇	21	四月，進入修特拉斯堡大學。學習法律、醫學。 十月上旬，和芙莉蒂里克認識。 和赫魯達相識，開始互相往來。	貝多芬出生。
七一	22	五月，和芙莉蒂里克的戀愛達到頂點，產生了德國抒情詩史上劃時代性的詩作。 八月十四日，歸鄉，月底開始執業律師。 由於妹妹的熱心襄助，從十一月到十二月完成了『凱茲』的初稿。	俄軍佔領克里米亞。

年	歲	事蹟	世界大事
一七七二	23	一月十四日蘇姍娜・馬爾佳雷帝・布萊特因殺嬰之罪而被處刑。『浮士德』以柯雷荷艾恩為原型。 五月二十五日，成為維拉爾最高法院的研究生。 六月，和洛蒂相識，旋即展開熱戀。煩悶之餘，於九月十一日前往維拉爾。 九月十四日歸鄉，擔任律師。	波蘭第一次被割據。
七三	24	十一月一日妹妹結婚。	
七四	25	『少年維特的煩惱』引起世界性的迴響。 十二月十一日被介紹給威瑪王子卡爾・奧古斯都。	路易十六即位。
七五	26	復活節的彌撒與莉莉・賽瑞瑪訂婚。 六月，到瑞士旅行。 九月中旬，與莉莉解除婚約。 十一月七日接受奧古斯都大公的邀請，抵達威瑪。之後，永久居住威瑪。	美國獨立戰爭（～八三）
七六	27	一月七日第一次寫信給芙恩，修黛安夫人。 六月十一日，參與計劃威瑪的國政，名列閣	七月四日美國獨立宣言。 史密斯著『國富論』，吉

		員之一。	朋著『羅馬興亡史』。
一七七七	28	六月八日妹妹克勞莉亞逝世。 十一月二十九～十二月十九日，隻身至哈魯茲旅行。	美國獨立軍大勝。國名定為美利堅合眾國。
七九	30	十～十二月初，至瑞士旅行。	
八〇	31	一月七日參加威瑪新建劇場的化裝舞會。 七月十六日在奧古斯都大公及王子勾塔面前朗頌自己的作品『浮士德』。	
八一	32	十月二十六日被任命為法蘭克福法院的陪審員。	康德著『純粹理性批判』。
八二	33	五月七日父親逝世。 六月一日移居至市內弗拉威布萊恩的家中。 六月三日被德意志皇帝封為貴族，七日，成為內閣首席。	
八四	35	三月，發現鄂間骨。	
八六	37	九月三日，出發至義大利旅行。九月十八日～十月十四日滯留於威瑪。十月二十九日，抵達羅馬。	腓特烈大帝逝世。
八七	38	在義大利國內旅行（二月下旬出發，六月八	美國完成憲法。

年	歲	事蹟	世界大事
一七八八	39	日到羅馬）。六月十八日回到威瑪。和芙恩・修黛安夫人的關係冷卻下來。七月十二日，和克莉絲汀安娜的關係開始。九月六日，和席拉初次會面。	康德著『實踐理性批判』。
八九	40	十二月二十五日長子尤里烏斯・奧古斯都・維特出生。（五個孩子中唯一活存的孩子）。	七月十四日法國革命。
九〇	41	三～五月，第二次至義大利旅行。感到和第一次旅行的情形相反，幻滅而歸。十月三十一日，拜訪席拉。著作集第七卷『浮士德斷片』。	法國廢止貴族。康德著『判斷力批判』。
九一	42	擔任宮廷劇場的監督（～一八一七）。	莫扎特逝世。
九二	43	出征法國（八～十二月）。出征之中，研究色彩論。著作集第一卷。	九月二十一日法國廢止帝政，宣佈共和政體。
九三	44	著作集第二卷。	路易十六世處刑瑪莉皇后
九四	45	一月，在歌德的監督之下，成立伊那國立植物園。	處刑羅貝斯畢艾爾。法國恐怖政治結束。

一七九五	46	此年，和席拉的友情更為深厚，兩人之間的來往書信開始。 此年，有數月時間逗留於伊那。 前往伊那，每日與席拉來往。 五月一日，歌德將母親故鄉的房子賣掉，遷至一棟簡樸的房子。 七月，初次到卡爾史帕特。 著作集第三～五卷。	波蘭第三次被分割。 英國獲得好望角殖民地。
九六	47	完成『威亨・梅斯特的修業生涯』、著作集第六卷。 十一月，開始執筆『赫爾瑪與特洛帝亞』。	拿破崙遠征義大利。
九七	48	八月，與妻子逗留於故鄉。與母親作最後的見面。 由於席拉的催促，決定完成『浮士德』。	二月，拿破崙侵入法國領土。
九八	49	三月，購入歐巴羅斯拉別墅，夏天與家人逗留於此。 執筆『浮士德』。	拿破崙遠征埃及（～九九）。
九九	50	十月，全力投入席拉作品的演出。改建劇場。 十二月三日，席拉遷至威瑪居住。	拿破崙宣佈統領政治。

年	年齡	事蹟	世界大事
一八〇〇	51	和席拉一起盡力營運劇場。	
〇一	52	罹患顏面丹毒，一度狀況嚴重。三～四月，逗留於歐巴羅斯拉。六月，療養期間，和兒子逗留於畢爾莫特溫泉。	英國、愛爾蘭議會合併。
〇二	53	執筆『浮士德』。五月十五日，『伊弗葛尼艾』於威瑪初次上演。	
〇三	54	四月，與伊那的書店弗洛姆瑪恩家結交。之後，歌德愛上此家的養女米娜。四月二日自己的作品『庶出的女兒』初次上演。七月，賣掉歐巴羅斯拉的莊園。	三月，英國、法國宣戰。赫魯達逝世。
〇四	55	史達爾夫人來訪。三月十七日，『威亨・迪爾』初次上演。九月十三日，任樞密院顧問官，被稱為閣下仕途順利。	拿破崙就任帝位。二月十七康德逝世。
〇五	56	九月二十二日，『凱茲』重新改寫，並上演。一～二月，大患（腎結石）。	

年代	年齡	事蹟	世界大事
		一月末，席拉患病。 五月一日，見席拉最後一面。五月九日，席拉逝世，歌德遭受極大衝擊。五月末，心情才稍恢復。 八月十日，赴拉奧荷西迪特溫泉，參加席拉的追悼會。 此年，開始發表『色彩論』（～一〇）。	
一八〇六	57	二～三月，患病。 三月二十一日，校閱『浮士德』。四月十三日，『浮士德』第一部完成。 夏天，至卡爾斯巴特。 十月十四日，法軍侵入威瑪，展開掠奪。十五日，拿破崙入城。拉姆將軍住宿於歌德家中。 十月十九日，與克莉絲汀安娜正式結婚。	七月，萊茵同盟成立。 八月六日神聖羅馬帝國滅亡。 十一月，拿破崙宣佈封鎖大陸。
〇七	58	二月十六日，『達索』初次上演。 五月十七日，口述『威亨・梅斯特的遍歷時代』第一章（二九年完成）。 夏天，至卡爾斯巴特。九月十一日，回到威	弗爾特試航汽船。

西元	年齡	事蹟	歷史
		瑪。十一～十二月，停留於伊那。與蜜娜・赫爾莉普相戀。寫『索內特』。	
一八〇八	59	三月，庫拉伊斯特的『破甕』上演，失敗以終。歌德和庫拉伊斯特之間不和。四月，兒子至阿烏固斯特、哈伊戴爾貝爾庫遊學。五月中旬～九月中旬至卡爾斯巴特。九月十三日，母親逝世。十月二日，至爾夫爾特與拿破崙作初次的會面。六日，拿破崙至威瑪，參與宮中舞會，並與歌德交談。十日，歌德與拿破崙第三次見面。此年，『浮士德』第一部刊行。	拿破崙出兵西班牙、葡萄牙。
〇九	60	四月廿九日～六月十三日，停留於伊那。『色彩論』刊行，『親和力』寫作中。七月廿三日～十月七日再度至伊那。『親和力刊行』。	拿破崙合併法國領土。韓德爾逝世。
一〇	61	五月中旬到暑期都停留於卡爾斯巴特、狄布	拿破崙的全盛時代（～一

年	年齡	事蹟	世界大事
		里茲。旅行各地，十月二日，回到威瑪。 十一月三日，有上演『浮士德』的想法。	二）。
一八一一	62	四月十二日，貝多芬的信函經由友人之手到達歌德手中。 五月十七日～六月廿八日至卡爾斯巴特。 六月廿五日，寫信給貝多芬。 此年，寫『詩與真實』。	南美的西班牙領土開始獨立運動。 英國佔領爪哇。 庫拉伊斯特自殺。
一二	63	一月廿三日、二月二十日，由貝多芬作曲的『艾固莫特』上演。 五月三日～七月十三日，至卡爾斯巴特。之後，八月十二日至狄布里茲。九月十二日再度至卡爾斯巴特。 七月十九日，歌德拜訪貝多芬。七月二十日兩人至畢利。七月廿一日及七月廿三日貝多芬為歌德演奏鋼琴。 九月十五日，莫斯科發生火災。十二月十五日，拿破崙於撤退途中半夜經過威瑪。歌德接到問候致意的訊息。	拿破崙遠征俄國。法軍敗退。 格林著『童話集』。

一八一三	64	『詩與真實』第二部。四月廿六日～八月十日，戰亂波及狄布里茲。九～十月，威瑪的戰雲密佈。十月，收拾行李準備逃亡。十月十九日萊比錫附近的民族戰爭由聯合軍獲勝。	十月十六～十八日，萊比錫會戰，法軍大敗。丹麥思想家奇爾科加德出生。
一四	65	十月廿六日，麥迪爾尼希來訪。七月廿五～十月廿七日第一次至瑪伊，萊茵旅行。十七年未見故鄉。九月十五日，戈爾繆雷初次與瑪莉安娜相會。此年，『東西詩集』的詩作完成大部分，並執筆『詩與真實』第三部。	三月三十一日，聯合軍進入巴黎城。拿破崙退位，被放逐至艾爾巴島。維也納會議。
一五	66	五月廿四日～十月十一日，第二次至瑪伊・萊茵旅行。九月廿三～廿六日，與哈伊戴爾貝爾庫、瑪莉安娜最後一次見面。『東西詩集』的詩作有許多完成於此時cotter版新著作集（一八一五～一九）二十卷中，第一、二卷付梓。	史蒂文生開蒸汽機關車。拿破崙逃出艾爾巴島。滑鐵盧之役巴黎陷落。被放逐至聖赫拿那島。
一六	67	六月六日，妻子克莉絲汀安娜逝世。	阿根廷獨立。

年代	年齡	事蹟	世界大事
		七月廿四日～九月十日至迪休迪特溫泉。十二月十六日，口述『浮士德』第二部、『詩與真實』。『東西詩集』的詩作、『義大利旅行』第一部都於此時執筆。翌年完成。	十月，英國商船要求與琉球貿易。
一八一七	68	四月十三日辭去舞台監督之職。六月十七日兒子奧古斯都、歐蒂莉結婚。十一月六日～十六日，十一月廿一日～翌年二月廿一日都停留於伊那。	宗教革命三十年紀念。英國的學生團體稱為自由主義改革。
一八	69	四月九日，長孫華爾達誕生。四月廿一日，為孫子吟唱搖籃曲。七月廿六～九月十三日，停留於卡爾斯巴特。十二月廿九～三十日，讀可蘭經。	智利獨立。
一九	70	一月，寫針對『東西詩集』的『筆記與研究』。詩集於秋天刊行。六月廿六～七月廿四日，停留於伊那。八月廿六～九月廿六日，停留於卡爾斯巴特。著作集第十九、二十卷刊行。結束。	英國佔領新加坡。
二〇	71	四月下旬～五月下旬，停留於卡爾斯巴特。	葡萄牙的革命與內亂（～

年	歲	歌德事蹟	世界大事
		五月三十一～四月十日，十月十九～十一月四日，停留於伊那。執筆『威亨・梅斯特的遍歷時代』。	三四）。
一八二一	72	一～五月，執筆『威亨・梅斯特遍歷時代』。第一部於五月底刊行。七月廿九～八月廿五日，至馬利艾巴特。認識薇莉可。執筆『法國從軍記』。	希臘獨立戰爭（～二九）。秘魯發佈獨立宣言。五月五日拿破崙逝世。
二二	73	三月，羅患眼疾。五月廿一日，贈予貝多芬『海之寂靜』、『幸福的航行』二詩，由貝多芬譜成曲。六月十九～八月二十四日，至馬利艾巴特。愛上薇莉可。自十月之後，每星期二於自宅舉行「社交餐宴」。	希臘獨立宣言。巴西獨立。
二三	74	二月十二～三月上旬，羅患心囊炎。一度狀況嚴重。六月十日，艾克曼來訪。六月廿三日，贈予拜倫詩作。七月廿四日，	美國總統門羅宣言門羅主義。

		拜倫寄出謝函。 七月二日～八月二十日至馬利艾巴特。與薇莉可的戀愛達到巔峰，向對方求婚，因被拒絕而放棄。九月十七日，回到威瑪。在旅行的車中作『悲歌』。	
一八二四	75	二月十五日之後，計劃未來出版與艾克曼的對話。 四月十九日拜倫逝世，極為悲嘆。 六月廿四日，『威亨・梅斯特的修業生涯』的謄寫，卡拉爾初次來信。 八月廿八日，七十五歲的生日。賓客之中有因後來舒伯特的曲子而認識的詩人威亨・繆拉。 九月十九日，美國作家愛默生、布斯特來訪。 十月三十日，第一次寫信給卡拉爾。	墨西哥共和國誕生。南美的西班牙勢力完全消滅。
二五	76	二月廿四日，進行『浮士德』第二部的工作。 六月十六日，舒伯特贈予為歌德三篇詩作所作的曲子。 十月三日，威瑪大公夫婦金婚紀念。	玻利維亞共和國誕生。

		十一月七日，歌德至威瑪任職五十年紀念日。	
一八二六	77	一月三十日，有世界文學的構想。 二月十一日，針對『浮士德』所寫的日記以『主要工作』為名。此工作斷斷續續持續了三十一年。 九月十七日戴內卡建造席拉胸像。在此台座下埋藏席拉的頭蓋骨。 九月十八日，瞻仰席拉的頭蓋骨。廿四日拿回自宅。第二次夜晚作『瞻仰席拉的頭蓋骨』一詩。 九月廿九～十月三日格里爾帕兒來訪。 十二月七日，委託將歌德本身及席拉的遺骨共同埋葬於選定的墓地。	土耳其軍侵入英國，佔領亞迪內。 慕尼黑大學創立。
二七	78	一月六日，芙恩・修黛安夫人逝世。 五月廿四日，『遍歷時代』第二部完成。 『歌德全集』（cotter版全四十卷，三十年完成）第一～十卷刊行。	七月倫敦會議。 貝多芬逝世。 裴斯塔洛奇逝世。
二八	79	六月十四日卡爾・奧古斯都大公逝世。受到強烈的衝擊。	土俄戰爭（～二九） 烏拉圭獨立。

年代	年齡	生平	大事
一八二九	80	『歌德與席拉來往書信』刊行。 『歌德全集』第十一～二十卷公開刊行。 一月十九日，『浮士德』初次公演。 八月廿九日，威瑪劇場初次上演『浮士德』。 『歌德全集』第二十一～三十卷刊行。	舒伯特逝世。 歐洲感冒大流行。 英國通過舊教自由法案。
三〇	81	十月二十日，英國作家威廉・沙卡雷來訪。 十月廿六日夜，長男奧古斯都客死於羅馬。 十一月十日夜，接到此一訃聞。 十一月廿五、廿六日，喀血。 『歌德全集』第三十一～四十卷刊行。	巴黎七月革命。 比利時獨立。 利物浦至曼徹斯特間的鐵路開通。
三一	82	一月六日寫遺囑。 七月廿二日『浮士德』作最後的修訂。八月中旬，『浮士德』第二部完成，原稿並封印。 八月廿六日，帶著兩個孫子赴伊爾美那烏。 翌日入礦山監督官馬爾及凱開爾哈恩山間小屋，在木板牆上發現仍刻印著自己五十年前所寫的詩，感動得流淚。 一月八日，長媳歐蒂莉閱讀封印的『浮士德』第二部的原稿。	清廷禁止輸入鴉片。 比利時王國成立。

三月十四日，最後一次散步。
三月十六日，發病。三月十七日給親友威亨・芙恩・弗波特寫最後一封信。
三月廿二日，上午十一點半長眠。享年八十二歲又七個月。
三月廿六日殯葬儀式。午後五點，葬於大公家的靈廟。

大展出版社有限公司
品冠文化出版社

圖書目錄

地址：台北市北投區(石牌)
致遠一路二段 12 巷 1 號
郵撥：01669551＜大展＞
19346241＜品冠＞

電話：(02) 28236031
28236033
28233123
傳真：(02) 28272069

·熱門新知·品冠編號 67

1.	圖解基因與 DNA	（精）	中原英臣主編	230 元
2.	圖解人體的神奇	（精）	米山公啟主編	230 元
3.	圖解腦與心的構造	（精）	永田和哉主編	230 元
4.	圖解科學的神奇	（精）	鳥海光弘主編	230 元
5.	圖解數學的神奇	（精）	柳 谷 晃著	250 元
6.	圖解基因操作	（精）	海老原充主編	230 元
7.	圖解後基因組	（精）	才園哲人著	230 元
8.	圖解再生醫療的構造與未來		才園哲人著	230 元
9.	圖解保護身體的免疫構造		才園哲人著	230 元
10.	90 分鐘了解尖端技術的結構		志村幸雄著	280 元

·名人選輯·品冠編號 671

1.	佛洛伊德	傅陽主編	200 元
2.	莎士比亞	傅陽主編	200 元
3.	蘇格拉底	傅陽主編	200 元
4.	盧梭	傅陽主編	200 元

·圍棋輕鬆學·品冠編號 68

1.	圍棋六日通	李曉佳編著	160 元
2.	布局的對策	吳玉林等編著	250 元
3.	定石的運用	吳玉林等編著	280 元
4.	死活的要點	吳玉林等編著	250 元

·象棋輕鬆學·品冠編號 69

1.	象棋開局精要	方長勤審校	280 元
2.	象棋中局薈萃	言穆江著	280 元

·生活廣場·品冠編號 61

1.	366 天誕生星	李芳黛譯	280 元

2. 366 天誕生花與誕生石 李芳黛譯 280 元
3. 科學命相 淺野八郎著 220 元
4. 已知的他界科學 陳蒼杰譯 220 元
5. 開拓未來的他界科學 陳蒼杰譯 220 元
6. 世紀末變態心理犯罪檔案 沈永嘉譯 240 元
7. 366 天開運年鑑 林廷宇編著 230 元
8. 色彩學與你 野村順一著 230 元
9. 科學手相 淺野八郎著 230 元
10. 你也能成為戀愛高手 柯富陽編著 220 元
11. 血型與十二星座 許淑瑛編著 230 元
12. 動物測驗—人性現形 淺野八郎著 200 元
13. 愛情、幸福完全自測 淺野八郎著 200 元
14. 輕鬆攻佔女性 趙奕世編著 230 元
15. 解讀命運密碼 郭宗德著 200 元
16. 由客家了解亞洲 高木桂藏著 220 元

・女醫師系列・品冠編號 62

1. 子宮內膜症 國府田清子著 200 元
2. 子宮肌瘤 黑島淳子著 200 元
3. 上班女性的壓力症候群 池下育子著 200 元
4. 漏尿、尿失禁 中田真木著 200 元
5. 高齡生產 大鷹美子著 200 元
6. 子宮癌 上坊敏子著 200 元
7. 避孕 早乙女智子著 200 元
8. 不孕症 中村春根著 200 元
9. 生理痛與生理不順 堀口雅子著 200 元
10. 更年期 野末悅子著 200 元

・傳統民俗療法・品冠編號 63

1. 神奇刀療法 潘文雄著 200 元
2. 神奇拍打療法 安在峰著 200 元
3. 神奇拔罐療法 安在峰著 200 元
4. 神奇艾灸療法 安在峰著 200 元
5. 神奇貼敷療法 安在峰著 200 元
6. 神奇薰洗療法 安在峰著 200 元
7. 神奇耳穴療法 安在峰著 200 元
8. 神奇指針療法 安在峰著 200 元
9. 神奇藥酒療法 安在峰著 200 元
10. 神奇藥茶療法 安在峰著 200 元
11. 神奇推拿療法 張貴荷著 200 元
12. 神奇止痛療法 漆 浩 著 200 元
13. 神奇天然藥食物療法 李琳編著 200 元

14. 神奇新穴療法	吳德華編著	200 元
15. 神奇小針刀療法	韋丹主編	200 元

・常見病藥膳調養叢書・品冠編號 631

1. 脂肪肝四季飲食	蕭守貴著	200 元
2. 高血壓四季飲食	秦玖剛著	200 元
3. 慢性腎炎四季飲食	魏從強著	200 元
4. 高脂血症四季飲食	薛輝著	200 元
5. 慢性胃炎四季飲食	馬秉祥著	200 元
6. 糖尿病四季飲食	王耀獻著	200 元
7. 癌症四季飲食	李忠著	200 元
8. 痛風四季飲食	魯焰主編	200 元
9. 肝炎四季飲食	王虹等著	200 元
10. 肥胖症四季飲食	李偉等著	200 元
11. 膽囊炎、膽石症四季飲食	謝春娥著	200 元

・彩色圖解保健・品冠編號 64

1. 瘦身	主婦之友社	300 元
2. 腰痛	主婦之友社	300 元
3. 肩膀痠痛	主婦之友社	300 元
4. 腰、膝、腳的疼痛	主婦之友社	300 元
5. 壓力、精神疲勞	主婦之友社	300 元
6. 眼睛疲勞、視力減退	主婦之友社	300 元

・休閒保健叢書・品冠編號 641

1. 瘦身保健按摩術	聞慶漢主編	200 元
2. 顏面美容保健按摩術	聞慶漢主編	200 元
3. 足部保健按摩術	聞慶漢主編	200 元
4. 養生保健按摩術	聞慶漢主編	280 元

・心 想 事 成・品冠編號 65

1. 魔法愛情點心	結城莫拉著	120 元
2. 可愛手工飾品	結城莫拉著	120 元
3. 可愛打扮 & 髮型	結城莫拉著	120 元
4. 撲克牌算命	結城莫拉著	120 元

・少 年 偵 探・品冠編號 66

1. 怪盜二十面相	（精）	江戶川亂步著	特價 189 元
2. 少年偵探團	（精）	江戶川亂步著	特價 189 元

3. 妖怪博士 （精） 江戶川亂步著 特價 189 元
4. 大金塊 （精） 江戶川亂步著 特價 230 元
5. 青銅魔人 （精） 江戶川亂步著 特價 230 元
6. 地底魔術王 （精） 江戶川亂步著 特價 230 元
7. 透明怪人 （精） 江戶川亂步著 特價 230 元
8. 怪人四十面相 （精） 江戶川亂步著 特價 230 元
9. 宇宙怪人 （精） 江戶川亂步著 特價 230 元
10. 恐怖的鐵塔王國 （精） 江戶川亂步著 特價 230 元
11. 灰色巨人 （精） 江戶川亂步著 特價 230 元
12. 海底魔術師 （精） 江戶川亂步著 特價 230 元
13. 黃金豹 （精） 江戶川亂步著 特價 230 元
14. 魔法博士 （精） 江戶川亂步著 特價 230 元
15. 馬戲怪人 （精） 江戶川亂步著 特價 230 元
16. 魔人銅鑼 （精） 江戶川亂步著 特價 230 元
17. 魔法人偶 （精） 江戶川亂步著 特價 230 元
18. 奇面城的秘密 （精） 江戶川亂步著 特價 230 元
19. 夜光人 （精） 江戶川亂步著 特價 230 元
20. 塔上的魔術師 （精） 江戶川亂步著 特價 230 元
21. 鐵人Q （精） 江戶川亂步著 特價 230 元
22. 假面恐怖王 （精） 江戶川亂步著 特價 230 元
23. 電人M （精） 江戶川亂步著 特價 230 元
24. 二十面相的詛咒 （精） 江戶川亂步著 特價 230 元
25. 飛天二十面相 （精） 江戶川亂步著 特價 230 元
26. 黃金怪獸 （精） 江戶川亂步著 特價 230 元

・武 術 特 輯・大展編號 10

1. 陳式太極拳入門 馮志強編著 180 元
2. 武式太極拳 郝少如編著 200 元
3. 中國跆拳道實戰 100 例 岳維傳著 220 元
4. 教門長拳 蕭京凌編著 150 元
5. 跆拳道 蕭京凌編譯 180 元
6. 正傳合氣道 程曉鈴譯 200 元
7. 實用雙節棍 吳志勇編著 200 元
8. 格鬥空手道 鄭旭旭編著 200 元
9. 實用跆拳道 陳國榮編著 200 元
10. 武術初學指南 李文英、解守德編著 250 元
11. 泰國拳 陳國榮著 180 元
12. 中國式摔跤 黃 斌編著 180 元
13. 太極劍入門 李德印編著 180 元
14. 太極拳運動 運動司編 250 元
15. 太極拳譜 清・王宗岳等著 280 元
16. 散手初學 冷 峰編著 200 元
17. 南拳 朱瑞琪編著 180 元

18. 吳式太極劍　王培生著　200 元
19. 太極拳健身與技擊　王培生著　250 元
20. 秘傳武當八卦掌　狄兆龍著　250 元
21. 太極拳論譚　沈　壽著　250 元
22. 陳式太極拳技擊法　馬　虹著　250 元
23. 二十四式 三十二式 太極 拳 劍　闞桂香著　180 元
24. 楊式秘傳 129 式太極長拳　張楚全著　280 元
25. 楊式太極拳架詳解　林炳堯著　280 元
26. 華佗五禽劍　劉時榮著　180 元
27. 太極拳基礎講座：基本功與簡化 24 式　李德印著　250 元
28. 武式太極拳精華　薛乃印著　200 元
29. 陳式太極拳拳理闡微　馬　虹著　350 元
30. 陳式太極拳體用全書　馬　虹著　400 元
31. 張三豐太極拳　陳占奎著　200 元
32. 中國太極推手　張　山主編　300 元
33. 48 式太極拳入門　門惠豐編著　220 元
34. 太極拳奇人奇功　嚴翰秀編著　250 元
35. 心意門秘籍　李新民編著　220 元
36. 三才門乾坤戊己功　王培生編著　220 元
37. 武式太極劍精華＋VCD　薛乃印編著　350 元
38. 楊式太極拳　傅鐘文演述　200 元
39. 陳式太極拳、劍 36 式　闞桂香編著　250 元
40. 正宗武式太極拳　薛乃印著　220 元
41. 杜元化＜太極拳正宗＞考析　王海洲等著　300 元
42. ＜珍貴版＞陳式太極拳　沈家楨著　280 元
43. 24 式太極拳＋VCD　中國國家體育總局著　350 元
44. 太極推手絕技　安在峰編著　250 元
45. 孫祿堂武學錄　孫祿堂著　300 元
46. ＜珍貴本＞陳式太極拳精選　馮志強著　280 元
47. 武當趙堡太極拳小架　鄭悟清傳授　250 元
48. 太極拳習練知識問答　邱丕相主編　220 元
49. 八法拳 八法槍　武世俊著　220 元
50. 地趟拳＋VCD　張憲政著　350 元
51. 四十八式太極拳＋DVD　楊　靜演示　400 元
52. 三十二式太極劍＋VCD　楊　靜演示　300 元
53. 隨曲就伸 中國太極拳名家對話錄　余功保著　300 元
54. 陳式太極拳五功八法十三勢　闞桂香著　200 元
55. 六合螳螂拳　劉敬儒等著　280 元
56. 古本新探華佗五禽戲　劉時榮編著　180 元
57. 陳式太極拳養生功＋VCD　陳正雷著　350 元
58. 中國循經太極拳二十四式教程　李兆生著　300 元
59. ＜珍貴本＞太極拳研究　唐豪・顧留馨著　250 元
60. 武當三豐太極拳　劉嗣傳著　300 元
61. 楊式太極拳體用圖解　崔仲三編著　400 元

62. 太極十三刀 張耀忠編著 230 元
63. 和式太極拳譜＋VCD 和有祿編著 450 元
64. 太極內功養生術 關永年著 300 元
65. 養生太極推手 黃康輝編著 280 元
66. 太極推手祕傳 安在峰編著 300 元
67. 楊少侯太極拳用架真詮 李璉編著 280 元
68. 細說陰陽相濟的太極拳 林冠澄著 350 元
69. 太極內功解祕 祝大彤編著 280 元
70. 簡易太極拳健身功 王建華著 180 元
71. 楊氏太極拳真傳 趙斌等著 380 元
72. 李子鳴傳梁式直趟八卦六十四散手掌 張全亮編著 200 元
73. 炮捶 陳式太極拳第二路 顧留馨著 330 元
74. 太極推手技擊傳真 王鳳鳴編著 300 元
75. 傳統五十八式太極劍 張楚全編著 200 元
76. 新編太極拳對練 曾乃梁編著 280 元
77. 意拳拳學 王薌齋創始 280 元
78. 心意拳練功竅要 馬琳璋著 300 元
79. 形意拳搏擊的理與法 買正虎編著 300 元
80. 拳道功法學 李玉柱編著 300 元
81. 精編陳式太極拳拳劍刀 武世俊編著 300 元
82. 現代散打 梁亞東編著 200 元
83. 形意拳械精解（上） 邸國勇編著 480 元
84. 形意拳械精解（下） 邸國勇編著 480 元
85. 楊式太極拳詮釋【理論篇】 王志遠編著 200 元
86. 楊式太極拳詮釋【練習篇】 王志遠編著 280 元
87. 中國當代太極拳精論集 余功保主編 500 元
88. 八極拳運動全書 安在峰編著 480 元
89. 陳氏太極長拳 108 式＋VCD 王振華著 350 元

・彩色圖解太極武術・大展編號 102

1. 太極功夫扇 李德印編著 220 元
2. 武當太極劍 李德印編著 220 元
3. 楊式太極劍 李德印編著 220 元
4. 楊式太極刀 王志遠著 220 元
5. 二十四式太極拳(楊式)＋VCD 李德印編著 350 元
6. 三十二式太極劍(楊式)＋VCD 李德印編著 350 元
7. 四十二式太極劍＋VCD 李德印編著 350 元
8. 四十二式太極拳＋VCD 李德印編著 350 元
9. 16 式太極拳 18 式太極劍＋VCD 崔仲三著 350 元
10. 楊氏 28 式太極拳＋VCD 趙幼斌著 350 元
11. 楊式太極拳 40 式＋VCD 宗維潔編著 350 元
12. 陳式太極拳 56 式＋VCD 黃康輝等著 350 元
13. 吳式太極拳 45 式＋VCD 宗維潔編著 350 元

14. 精簡陳式太極拳 8 式、16 式　黃康輝編著　220 元
15. 精簡吳式太極拳<36 式拳架・推手>　柳恩久主編　220 元
16. 夕陽美功夫扇　李德印著　220 元
17. 綜合 48 式太極拳＋VCD　竺玉明編著　350 元
18. 32 式太極拳（四段）　宗維潔演示　220 元
19. 楊氏 37 式太極拳＋VCD　趙幼斌著　350 元
20. 楊氏 51 式太極劍＋VCD　趙幼斌著　350 元

・國際武術競賽套路・大展編號 103

1. 長拳　李巧玲執筆　220 元
2. 劍術　程慧琨執筆　220 元
3. 刀術　劉同為執筆　220 元
4. 槍術　張躍寧執筆　220 元
5. 棍術　殷玉柱執筆　220 元

・簡化太極拳・大展編號 104

1. 陳式太極拳十三式　陳正雷編著　200 元
2. 楊式太極拳十三式　楊振鐸編著　200 元
3. 吳式太極拳十三式　李秉慈編著　200 元
4. 武式太極拳十三式　喬松茂編著　200 元
5. 孫式太極拳十三式　孫劍雲編著　200 元
6. 趙堡太極拳十三式　王海洲編著　200 元

・導引養生功・大展編號 105

1. 疏筋壯骨功＋VCD　張廣德著　350 元
2. 導引保建功＋VCD　張廣德著　350 元
3. 頤身九段錦＋VCD　張廣德著　350 元
4. 九九還童功＋VCD　張廣德著　350 元
5. 舒心平血功＋VCD　張廣德著　350 元
6. 益氣養肺功＋VCD　張廣德著　350 元
7. 養生太極扇＋VCD　張廣德著　350 元
8. 養生太極棒＋VCD　張廣德著　350 元
9. 導引養生形體詩韻＋VCD　張廣德著　350 元
10. 四十九式經絡動功＋VCD　張廣德著　350 元

・中國當代太極拳名家名著・大展編號 106

1. 李德印太極拳規範教程　李德印著　550 元
2. 王培生吳式太極拳詮真　王培生著　500 元
3. 喬松茂武式太極拳詮真　喬松茂著　450 元
4. 孫劍雲孫式太極拳詮真　孫劍雲著　350 元

5. 王海洲趙堡太極拳詮真　王海洲著　500 元
6. 鄭琛太極拳道詮真　鄭琛著　450 元
7. 沈壽太極拳文集　沈壽著　630 元

・古代健身功法・大展編號 107

1. 練功十八法　蕭凌編著　200 元
2. 十段錦運動　劉時榮編著　180 元
3. 二十八式長壽健身操　劉時榮著　180 元
4. 三十二式太極雙扇　劉時榮著　160 元
5. 龍形九勢健身法　武世俊著　180 元

・太極跤・大展編號 108

1. 太極防身術　郭慎著　300 元
2. 擒拿術　郭慎著　280 元
3. 中國式摔角　郭慎著　350 元

・原地太極拳系列・大展編號 11

1. 原地綜合太極拳 24 式　胡啟賢創編　220 元
2. 原地活步太極拳 42 式　胡啟賢創編　200 元
3. 原地簡化太極拳 24 式　胡啟賢創編　200 元
4. 原地太極拳 12 式　胡啟賢創編　200 元
5. 原地青少年太極拳 22 式　胡啟賢創編　220 元
6. 原地兒童太極拳 10 捶 16 式　胡啟賢創編　180 元

・名師出高徒・大展編號 111

1. 武術基本功與基本動作　劉玉萍編著　200 元
2. 長拳入門與精進　吳彬等著　220 元
3. 劍術刀術入門與精進　楊柏龍等著　220 元
4. 棍術、槍術入門與精進　邱丕相編著　220 元
5. 南拳入門與精進　朱瑞琪編著　220 元
6. 散手入門與精進　張山等著　220 元
7. 太極拳入門與精進　李德印編著　280 元
8. 太極推手入門與精進　田金龍編著　220 元

・實用武術技擊・大展編號 112

1. 實用自衛拳法　溫佐惠著　250 元
2. 搏擊術精選　陳清山等著　220 元
3. 秘傳防身絕技　程崑彬著　230 元
4. 振藩截拳道入門　陳琦平著　220 元

國家圖書館出版品預行編目資料

歌　德／傅　陽主編
—初版—臺北市，品冠，民 96
面；21 公分—（名人選輯；5）
ISBN 978-957-468-546-2（平裝）
1.歌德(Goethe, Johann Wolfgang Von, 1749-1832)—傳記
2.歌德(Goethe, Johann Wolfgang Von, 1749-1832)—學術思想—文學

784.38　　96008381

歌　德　　ISBN：978-957-468-546-2

主編者／傅　陽
發行人／蔡孟甫
出版者／品冠文化出版社
社　址／台北市北投區（石牌）致遠一路 2 段 12 巷 1 號
電　話／(02) 28233123・28236031・28236033
傳　真／(02) 28272069
郵政劃撥／19346241(品冠)
網　址／www.dah-jaan.com.tw
E-mail／service@dah-jaan.com.tw
承印者／國順文具印刷行
裝　訂／建鑫印刷裝訂有限公司
排版者／千兵企業有限公司
初版1刷／2007 年（民 96 年） 7 月

定　價／200 元

大展好書　好書大展

品嘗好書　冠群可期

大展好書　好書大展
品嘗好書　冠群可期